CHRISTIAN ANTZ

Magdeburgs Mitte

Panorama von der Schaukel unter der Hubbrücke im Rotehornpark

CHRISTIAN ANTZ

Magdeburgs Mitte

Ein Spaziergang vom Dom bis an die Elbe

FOTOGRAFIERT VON
HENNING KREITEL

mitteldeutscher verlag

Herzlicher Dank geht an die Wohnungsbaugesellschaft Magdeburg mbH (WOBAU) für die Unterstützung; ohne sie hätte das Buch nicht das Licht der Welt erblickt.

In Liebe und als Anreiz den Flaneuren Marianne, Christian und Julius gewidmet.

Bibliografische Information der Deutschen Nationalbibliothek
Die Deutsche Nationalbibliothek registriert diese Publikation in der Deutschen Nationalbibliografie; detaillierte bibliografische Daten im Internet unter https://dnb.de.

Der Verlag dankt den Rechtsinhabern für die freundliche Genehmigung des Abdrucks der Fotografien.

2. Auflage 2023

www.mitteldeutscherverlag.de

Gesamtherstellung: Mitteldeutscher Verlag, Halle (Saale)
Titel: Einzig erhaltenes Stadttor Magdeburgs zwischen Möllenvogteigarten und Domplatz
Rücktitel: Die nach 1945 reduzierte, aber immer noch eindrucksvolle Kirchensilhouette der Altstadt Magdeburgs
Layout und Satz: Stefanie Bader, Leipzig
Fotografien: © Henning Kreitel
Basiskarte und Daten: www.openstreetmap.org (© OpenStreetMap-Mitwirkende)

ISBN 978-3-96311-626-1

Printed in the EU

INHALT

Albinmüllerturm und Moderne im Stadtpark

»Die Menschen von Magdeburg scheinen mir wertvoller als ihre neuen Häuser. Ein Beweis für diese Stadt. Man kann nicht lange in ihr fremd bleiben. Es waren stille, kritische, heitere Menschen. ... Die Menschen sind noch Kleinstädter genug, um Launen und Schrullen zu haben. Die Besten unter ihnen haben gar nicht den Ehrgeiz, Großstädter zu sein. Sie lassen sich Zeit. Die Straßenbahnen fahren erfreulich langsam. Die Frauen sind hübsch. Und die Polizeistunden schlagen spät.«

JOSEPH ROTH (1894–1939)
ÜBER MAGDEBURG 1931

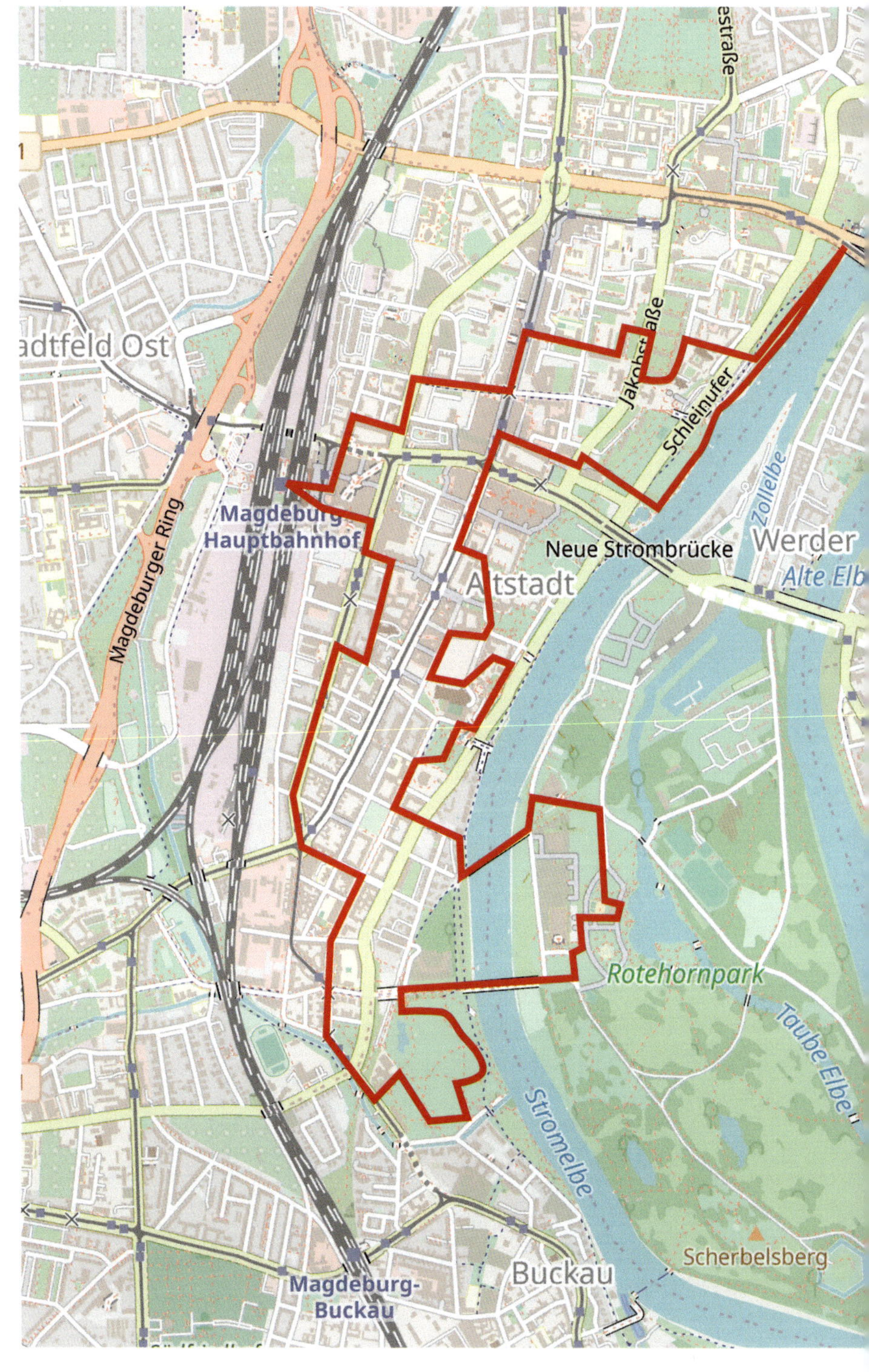

Magdeburger Ring
Magdeburg Hauptbahnhof
Neue Strombrücke
Altstadt
Werder
Alte Elbe
Zollelbe
Jakobstraße
Schleinufer
Rotehornpark
Taube Elbe
Stromelbe
Scherbelsberg
Buckau
Magdeburg-Buckau

FLANIEREN DURCH MAGDEBURGS MITTE

»Machdeburch, da musste durch!« bedeutete um 1920 nicht eine Schreckensmeldung, sondern dass, wer mit Zug oder Wagen über die Reichsstraße 1, die heutige B 1, nach Berlin in die Deutsche Reichshauptstadt wollte, ideell und real kein Weg an Magdeburg vorbeiführte. Magdeburg entwickelte sich damals zunehmend zum Zukunftsstandort und dies versinnbildlichte sich auch in Stadtplanung und Architektur. »Mächtig regt sich der Geist des Schaffens und Gestaltens in Magdeburg«, verkündete 1927 stolz Stadtrat Moritz. Die Stadt hat auch 2020 viel Sichtbares wie Verborgenes zu bieten, obwohl das Zentrum Magdeburgs 1945 in Trümmern fiel. Durch die Innenstadt flanieren und stetig neugierig sein, auf Details schauen und in der Langsamkeit die Stadtkultur genießen, lohnt sich.

Städte- und Kulturreisen stehen nach wie vor im Zentrum des europäischen und deutschen Tourismus. Durch weltweite Krisen sogar gestärkt, entwickeln sich Stadterkundungen von Fremden wie von Einheimischen aber zunehmend in Richtung Entschleunigung, Sinnorientierung und Sinnlichkeit. Kultur- und Stadtgeschichte soll künftig spannend sein, Spaß bringen und die Seele glücklich machen. Dabei können eigene Wurzeln wiedergefunden oder die Kraft authentischer Orte gespürt werden. Heimaturlaub wird im 21. Jahrhundert zur Sehnsucht von Besuchern und Bewohnern. Und Heimatgefühl war den Magdeburgern selbst schon 2012 wichtiger als anderen Deutschen.

Mit dem virtuellen und realen Spaziergang durch die Kulturgeschichte der Stadt Magdeburg betritt dieser Reiseführer Neuland und antwortet auf die Bedürfnisse dieser Flaneure. Magdeburg entwickelt sich damit zum Vorreiter bei den deutschen Reiseführern und gibt seinen Bürgern und Besuchern eine Stadtlesehilfe an die Hand, die ihnen Genuss und Sinn gleichzeitig verspricht. Ich wünsche allen einen erholsamen Aufenthalt und eine glückliche Erinnerung.

Peter Lackner
Geschäftsführer der Wohnungsbaugesellschaft
Magdeburg mbH (WOBAU)

Hundertwasser zwischen Barock und Moderne am Domplatz

UNTERWEGS DURCH UND UM DIE MITTE MAGDEBURGS

Bevor wir in die Innenstadt Magdeburgs eintauchen, sollen zwei historische Konstanten vorangeschickt werden, die die Magdeburger und ihre Mentalität nachhaltig geprägt haben und die immer wieder, auch beim Weitergehen, zutage treten: Festung und Zerstörung. Die an der Elbe in strategischer Lage befindliche Stadt war erstens immer schon von einem starken Befestigungsring ummantelt gewesen. Seit 1680 wird sie zur stärksten Festung Preußens ausgebaut, bis die Verteidigungsanlagen um 1800 eine Fläche von 200 ha einnehmen, während die umwallte Stadt selbst nur 120 ha groß ist. So brüstete sich 1730 der Soldatenkönig Friedrich Wilhelm I. (reg. 1713–1740): »Durch die Festung Magdeburg verschafft sich Preußen mehr Respekt als durch 30.000 Soldaten.« Hundert Jahre später sind nach Aussage des Schriftstellers Heinrich Laube (1806–1884) aber auch die Bewohner so geprägt: »Es ist die erste preußische Stadt, preußischer noch als Berlin.« Diese Beschränkung bei der Ausdehnung der Stadt, die dadurch bedingte enge Bebauung, die Reglementierung im Verkehr, diese äußeren Zwänge und Begrenzungen haben die Magdeburgerinnen und Magdeburger bis heute nachhaltig geprägt und wahrscheinlich auch ihr Agieren beim rigorosen Neuaufbau der Stadt nach 1945.

Der durch die Industrialisierung bevölkerungsmäßig überbordenden Stadt war es erst 1868 unter König Wilhelm I. (reg. 1861–1888) möglich, vom preußischen Staat 54 ha im Westen (Otto-v.-Guericke-Straße) und Süden (Hegelstraße) zu erwerben, zu expandieren und den Festungsgürtel weiter nach außen »zu schnallen«. Nun konnte auch der alte Bahnhof von der Elbe weg verlegt und der Bedeutung der Stadt entsprechend repräsentativ neu erbaut werden. Hier wurden nunmehr alle Fernverbindungen gebündelt, aber auch der innerstädtische Verkehr neu organisiert. Ab 1877 fuhr die erste Pferdebahn nach Buckau und Sudenburg, ab 1899 die elektrische Straßenbahn, ab 1926 sogar bis nach Schönebeck, ab 1974 die S-Bahn und ab 2000 alle wichtigen Fern- und Stadtbuslinien gebündelt vom neuen Zentralen Omnibusbahnhof (ZOB) am rückwärtigen Ausgang des Hauptbahnhofs. Durch diesen neuen Bahnhofsstandort wurde aber wieder ein neuer »Festungsriegel« aufgebaut. Während sich die erhaltenen attraktiven Wohnviertel des 19. und 20. Jahrhunderts hinter dem Bahnhof bis heute entfalten, bilden die in Nord-Süd-Richtung verlaufenden Gleisanlagen einen realen und psychologischen Riegel zur Innenstadt.

Was die Stadt und ihre Bewohner zweitens und noch tiefer geprägt hat, ist die Zerstörung ihrer Heimat 1631 und 1945. Zwei Mal ging es nicht nur um äußere, sondern auch geistige, kulturelle, personelle Niederwerfung. Das im 17. Jahrhundert geprägte Wort »magdeburgisieren« war ein Synonym für die blinde Vernichtung und Gewalt im Dreißigjährigen Krieg 1631. »Gekommen ist der jüngste Tag und das unabweisliche Geschick für Magdeburg ... gewesen ist Troja und die unermessliche Glorie der Magdeburg!«, resümierte verbittert Domprediger Reinhold Bake (1587–1657). Auch ganz am Ende des Zweiten Weltkrieges fielen 1945 wieder 90 Prozent der barock wiederaufgebauten Altstadt im Bombenhagel in Schutt und Asche. Und dann folgte als noch eine zusätzliche geistige und städtische Entleerung, eine weite Freiflächen schaffende Enttrümmerung und ein strategisch neu geordneter, ahistorischer Wiederaufbau: gegen die alte Enge und Einschnürung eine neue sozialistische Stadt. Während Dresden barocke Ruinen und Erinnerungen über Jahrzehnte hütete oder Münster auf gewachsenen Grundrissen wieder hochwuchs, wurden in Magdeburg ruinöse und teilweise – wie die Heilig-Geist-Kirche – schon wieder aufgebaute und genutzte Relikte der Vergangenheit in den 1950er-/60er-Jahren niedergerissenen. Vielen Ansichten Magdeburgs vom 16. bis 19. Jahrhundert, meist von der Ostseite, von der Elbe her, zeigen eine dicht bebaute und mit vielen doppeltürmigen Kirchen bestückte, überreiche Silhouette. Die Suche nach der »Altstadt«, nach dem historischen Kern, wird demzufolge heute eher erfolglos verlaufen.

Die Magdeburgisierung ihrer Stadt schafft für ihre Bewohner Melancholie und Erinnerung, aus der aber auch Kraft und Hoffnung erwächst. Viele historische Straßennamen, wie Goldschmiedebrücke, Leiter- und Jakobstraße, Krökentor, erinnern wieder an die historische Bebauung und Bedeutung der Stadt. An vielen zerstörten Kirchen, wie St. Nicolai, Heilig Geist, St. Ulrich und St. Katharinen, verweisen Miniaturkopien aus Bronze an ihren ehemaligen Standort. Jedes noch so kleine Stück gefundener Stadtmauer, Hauszeichen oder Befestigung wird von Ehrenamtlichen gehütet und rekonstruiert. Deshalb soll beim Rundgang nicht an jedem nach 1945 oder nach 1990 wiederhergestellten Gebäude auf Zerstörung und Wiederaufbau hingewiesen werden. Aber ohne Geschichte wird es keine Zukunft geben. Und so unternehmen es die Magdeburgerinnen und Magdeburger Tag für Tag, sich an ihre bedeutende Vergangenheit zu erinnern und mit diesem Geschichts- und Bedeutungsbewusstsein den Blick nach vorne zu richten. Und was hier auch in den letzten dreißig Jahren wieder bewegt wurde, lässt staunen. Das größte Lob des Magdeburgers, auch sich selbst gegenüber, lautet: »Kannste nich meckern.« Wir werden bald merken, dass diese Bewertung für ihre Stadt mehr als nur eine einfache Untertreibung ist.

Magdeburger Reiter zwischen den Jungfrauen

VOM HAUPTBAHNHOF ZUM HASSELBACHPLATZ

Von dem zweiten Magdeburger Bahnhof, dem heutigen **Hauptbahnhof** (ehem. Centralbahnhof) und Ausgangspunkt unseres Rundgangs, der 1874–82 als gründerzeitliches Sandsteingebäude in italienisch-toskanischer Palastform nach Entwurf von Otto Hoppe (1829–1891) errichtet wurde, ist das westliche Empfangsgebäude erhalten geblieben. Nach Durchschreiten des 2021 mit grünen Leuchtwänden bestückten Fußgängertunnels betreten wir den breit hingelagerten Willy-Brandt-Platz als Entree zur Innenstadt. Gerahmt werden wir dabei von einem überdimensionalen verglasten Triumphbogenportal, dessen Wappen an der Stadtseite mit den Buchstaben »M L« an die Erbauer, die Magdeburg-Leipziger Eisenbahn-Gesellschaft, erinnert.

Halb links hinter den Straßenbahngleisen kann die **Erdachse** zur globalen geografischen Orientierung ausgemacht werden. Der aus Berlin stammende Hannoveraner Künstler Timm Ulrichs (geb. 1940) hat sie 1979 erdacht und 1999 hier umgesetzt. Eine diagonal aus der Erde ragende schwarze Granitsäule, die parallel zur Erdachse ausgerichtet ist und in einem nachts beleuchteten Schacht steckt, rotiert innerhalb eines Tages gemächlich um die eigene Achse und fungiert mit einer eingehängten roten Granitscheibe als Äquator sowie mit einer Edelstahlschiene im Boden als Uhr. Dabei entspricht die Länge der Säule dem Polardurchmesser der Erde im Maßstab 1 : 1 Million. Und hier sind wir schon mitten in Magdeburgs Geschichte und Zukunft angekommen: Die Stadt bewegt sich einerseits im globalen Raum mit unend-

Hauptbahnhof der Gründerzeit

Mit der Erdachse drehen sich auch Magdeburg und die Magdeburger

lich wiederholender Zeit und dreht sich andererseits im politischen Alltag immer gerne um sich selbst.

Schon hier beim Austritt aus dem Hauptbahnhof blieb die **Leere** über zwei Generationen Gewissheit, die durch die Zerstörung, Enttrümmerung und Planierung nach 1945 geschaffen wurde, sodass der Blick und der Weg vom Bahnhof bis zur Elbe offen blieben und in einer breiten Schneise der Bördewind bis in alle Knochen pfeifen konnte. Nach über fünfzig Jahren wurde diese von Büro- und Verkaufsflächen ohne große Architekturansprüche besetzt, dem Bahnhof gegenüber mit dem »City Carré« 1997, östlich dahinter nach dem Ulrichspark mit dem »Ulrichshaus« 1998 und zur Elbe mit dem »Allee-Center« ebenfalls 1998.

Bevor wir vom Willy-Brandt-Platz halb rechts zwischen den Gebäuden des »City Carrés«, entlang des Fußweges »Am Alten Theater« hindurchgehen, erkennen wir ganz rechts in der Bahnhofstraße das erste Hochhaus der ehemaligen preußischen Provinz Sachsen. Das 1930–32 von Paul Schaeffer-Heyrothsberge (1891–1962) errichtete **Volksstimme-Hochhaus** (ehem. Faber-Hochhaus) besteht aus Stahlskelett und Leichtbausteinen sowie einem außen liegenden, transparenten Treppenhaus und ist ein Zeichen des »Neuen Bauwillens« Magdeburgs noch kurz vor der Machtergreifung der Nationalsozialisten. Für den Faber-Verlag und die 1664–1944 als älteste deutschsprachige Zeitung existierende »Magdeburgische Zeitung« gebaut und 1934 sowie 1954 erweitert, dient es noch immer als Pressehaus, Sitz der Regionalredaktion der hiesigen, 1890 gegründeten Tageszeitung »Magdeburger Volksstimme«.

Am Ende des zweckorientierten Weges zwischen Bürohausblocks stoßen wir auf die riesigen Stahlskulpturen **o. T.** des im halleschen Giebichenstein geschulten Thüringer Bildhauers Hartmut Renner (geb. 1951). Als ein »von Bäumen umstandenes Quellheiligtum« hat er 2002 den Beginn eines blauen Fuß-

Erstes Hochhaus Mitteldeutschlands

bodenbandes hervorgehoben, das die Elbe als Lebensader Magdeburgs sowie das wassertouristische Landesprojekt »Blaues Band« symbolisiert und sich bis zum Kloster Unser Lieben Frauen in realer Elbnähe im Bodenbelag weiterschlängelt.

Wir folgen zunächst dem »Blauen Band« ein Stück in die hier beginnende **Leiterstraße** (urspr. Ledderstraße), die bereits 1263 als Handelssiedlung für Lederwaren erwähnt wird. Kriegszerstört, vernachlässigt und schließlich 1975 abgerissen, entstand 1977–89 eine sozialistische Fußgängerzone in Plattenbauweise, die 1998–2004 saniert und atmosphärisch aufgewertet wurde. Verkehrsberuhigt lassen sich hier besonders vielfältige gastronomische Angebote genießen. Zu einem Platz geweitet, spielt sich das Leben um den **Faunbrunnen** (ugs. Teufelsbrunnen) ab, der von dem ebenfalls vom Giebichenstein geprägten Magdeburger Bildhauer Heinrich Apel (1935–2020) stammt,

Heinrich Apels Faune und Teufel in der Leiterstraße

von dem noch öfters beim Stadtrundgang die Rede sein wird. Der riesige Bronzekessel mit 22 Figuren wurde bereits 1976 erdacht und 1986 für diesen Standort gegossen. Ironisierend, erzählend und ikonografisch vielfältig aufgeladen, strahlen alle Faune Lebensfreude und Optimismus aus, was auch uns endlich vom magdeburgisierenden Grübeln abhält.

Einige Schritte zurück, gelangen wir durch einen Fußgängerdurchgang im Gebäude der Magdeburger Jugendherberge von der Leiterstraße in die Max-Josef-Metzger-Straße (ehem. Prälatenstraße). Wir gehen an der Rückseite der **Hauptpost** (ehem. Deutsche Reichspost) vorbei, die 1895–99 als repräsentativer historistischer Großbau nach Abriss mehrerer barocker Bürgerhäuser, u.a. des Geburtshauses General von Steubens, auf den noch zurückzukommen sein wird, und der Deutsch-Reformierten Kirche, seiner Taufkirche, von Paul Sell errichtet wurde. Die hiesige Westfront kleidet sich dabei in Backstein der Neorenaissance, die Ost- und Vorderfassade am Breiten Weg aber in Sandstein der niederländischen Spätgotik. Nach An-, Um- und Ausbau werden hier seit 2006 diverse Gerichte als »Justizzentrum« innerstädtisch gebündelt und damit das Umfeld belebt. Schräg gegenüber erhebt sich das 1993–95 neu errichtete, nach dem bürgerlichen Namen des Konzilspapstes Johannes XXIII., Angelo Giuseppe Roncalli (1881–1963), benannten katholischen Bildungszentrum **Roncalli-Haus**. Diesem wurde das barocke Portal der gerade erwähnten Deutsch-Reformierten Kirche als Spolie vorgeblendet.

Gegenüber erhebt sich die katholische Kathedrale **St. Sebastian** (ehem. Propsteikirche) mit ihren beiden romanischen Westtürmen, den barocken Zwiebelhauben und dem vom Sauerländer Bildhauer Jürgen Suberg (geb. 1944) mit bronzenen Szenen aus dem Alten Testament 1987 gestalteten und in den Stadtraum mit einem Engelsreigen ausgreifenden Westportal.

Hauptpost und Justizzentrum

Roncalli-Haus mit Barockportal

Stifts- und Kathedralkirche St. Sebastian

Jonas wird vom Wal am dritten Tage wieder ausgespuckt und vom Engel bekleidet

Viele detailreiche Geschichten lassen sich da entdecken. Dahinter schließt die 1169 vollendete dreischiffige Basilika an, die bis 1489 zu einer spätgotischen Hallenkirche verändert wurde. Das von Erzbischof Gero (reg. 1012–23) bereits 1015 gegründete, seit 1573 evangelische und bis 1810 bestehende Kollegiatstift wird 1823–73 als städtischer Woll- und Salzspeicher zweckentfremdet und dann der katholischen Diasporagemeinde im evangelisch-preußischen Magdeburg zugewiesen. Seit 1946 war sie als erste Kirche der Stadt wieder nutzbar, sodass hier evangelische und katholische Gottesdienste gefeiert wurden. Schon 1949 rückt sie in den Rang einer katholischen Bischofskirche – zunächst dem Bistum Paderborn unterstellt und seit 1994 als eigenständiges Bistum. Den Kircheneingang an der Südseite schmückt wieder ein bewegliches bronzenes Bildwerk von Heinrich Apel: den Türgriff bildet ein mächtiger Wal, der nach drei Tagen den gegenüber hockenden alttestamentarischen Jonas wieder ausspuckt und uns so mit dem heranfliegenden Engel an die Frohe Botschaft der christlichen Auferstehung von den Toten erinnern soll. Die 1953–59 und 1982–91 umgestaltete helle Halle mit den Chorfenstern des Mainzer Glaskünstlers Alois Plum (geb. 1935) lädt zu einer kurzen Rast ein, die sich auch auf den 2002/03 von dem aus Hamersleben stammenden Architekten Gisberth Hülsmann (geb. 1935) errichteten, hellen Kreuzganganbau erstrecken kann. An der Innenseite des Westwerks erzählt übrigens der Bildhauer Suberg mit seiner Bronzetür die Geschichte mit dem Neuen Testament bis zur ergreifenden Kreuzigung in der Mitte weiter.

Wo die Metzger- auf die Danzstraße trifft, erkennen wir links hinter einer grünen Wand verborgen den **Immermann-Brunnen** und rechts die Seitenfront des Kulturhistorischen Museums. Dem Magdeburger Schriftsteller, Juristen und Theaterintendanten Karl Leberecht Immermann (1796–1840) wurde 1899 im Auftrag der Stadt durch den Braunschweiger Bildhauer

Säulenwald zum Altar der Sebastianskirche

Carl Echtermeyer (1845–1910) dieses Denkmal gesetzt, das bis 1924 am Theaterplatz stand und nach mehrfachem Auf- und Abbau 1996 hier sein doch recht improvisiertes Domizil gefunden hat. Sollte es daran liegen, weil er 1839 seiner Heimatstadt eher Kunstfeindlichkeit attestierte: »Wenn man die Dichtung glücklich ausrotten wollte, so müsste man die Dichter nach Magdeburg senden; wir haben hier nur Kanonen, Beamte und Krämer, und die Phantasie fehlt in der Seelenliste gänzlich.«

Das **Kulturhistorische Museum** (ehem. Kaiser-Friedrich-Museum, ehem. Museum für Kunst und Gewerbe) an der Ecke Otto-von-Guericke-/Danzstraße war bei seiner Eröffnung ein Funktionsbau nach damals modernsten Museumskonzepten. Der Neubau 1901–06 um drei Innenhöfe im Stil der Spätrenaissance des Wiener Architekten Friedrich Ohmann (1858–1927) wurde 1912 erweitert, kriegszerstört, ohne Turm bis 1961 ver-

KARL
IMMERMANN
1796–1840

Immermann zwischen Romantik und Realismus sowie inmitten von Szenen seiner Oberhof-Geschichte

einfacht wiederaufgebaut und 2011/12 nach Süden erweitert. Nicht nur das Museum, auch die Sammlung und Präsentation war auf dem Stand der Zeit, da der von 1892 bis 1923 in Magdeburg tätige Museumsdirektor Theodor Volbehr (1862–1931) wie Alfred Lichtwark in Hamburg zu den weitsichtigen Kunsthistorikern des Kaiserreichs gehörte, der intensive Kontakte pflegte, neue Vermittlungswege für Kunst – gerade in einer Arbeiterstadt – entwickelte und die Bürgerschaft zu Ankäufen herausforderte. Leider ging ein Großteil dieser ausgelagerten Werke der Moderne, von Max Liebermann bis Vincent van Gogh, im letzten Weltkrieg in Flammen auf. Heute werden hier neben den kulturhistorischen auch die naturkundlichen Sammlungen präsentiert. Wer sich mit der Stadtgeschichte Magdeburgs intensiver beschäftigen möchte, findet hier einen kulturgeschichtlichen Rundgang durch 1.200 Jahre. Auf jeden Fall lädt das Stadtmodell ein, sich seinen realen Rundgang durch einen virtuellen durch das Magdeburg Anfang des 17. Jahrhunderts zu ergänzen. Zumindest ist es ein Muss, den wiederhergestellten Kaiser-Otto-Saal (ehem. Magdeburger Saal) mit dem riesigen historistischen Wandgemälde von Arthur Kampf (1864–1950) mit Szenen aus der Kaiser-Otto-Geschichte aufzusuchen. Hier steht auf Augenhöhe, was der Alte Markt später zwar am Originalstandort, aber nur in tiefer Untersicht und in vergoldeter Kopie liefern kann: der **Magdeburger Reiter**. Das Symbol auch heutigen Magdeburger Selbstverständnisses und Stolzes wurde um 1240 als erstes frei stehendes Reiterdenkmal seit der Antike und das nördlich der Alpen geschaffen. Mit seinen zwei Begleiterinnen als Schild- bzw. Lanzenträgerinnen reitet der bekrönte Herrscher, der wahrscheinlich Kaiser Otto I. darstellen soll, uns – nach umfassender Untersuchung und Säuberung zwar nur noch mit wenigen Farbspuren – wie vor 800 Jahren entgegen, als sei in Magdeburg seither nur Unwesentliches passiert.

Bürgersinn und Preußentum versammelt im Kulturhistorischen Museum

Kaiser-Otto-Saal mit Zentralperspektive auf den Magdeburger Reiter

Noch mit einem Schauer auf dem Rücken und mit dem Vergleich zum antiken Reiterstandbild des Kaisers Marc Aurel auf dem römischen Kapitol im Kopf treten wir wieder auf die Otto-von-Guericke-Straße (ehem. Kaiserstraße) und gehen nach Süden in Richtung Hasselbachplatz. Nach dem gewonnenen Deutsch-Französischen Krieg 1871 bot sich hier die Möglichkeit, auf den ehemaligen Festungsflächen in Gründerzeitmanier städtebaulich und architektonisch aufzurüsten. Zur Entlastung des Breiten Weges wurden fast parallel westlich davon die Otto-von-Guericke- und östlich die Hegelstraße als gerade Achsen geschaffen und mit historistischen mehrstöckigen Wohn- und Geschäftshäusern bebaut. Gerade am Hasselbachplatz und in der Hegelstraße ist diese Bebauung am geschlossensten auf uns gekommen. Unterwegs geht es zunächst an der Oase des **Schauspielhauses** (ehem. Kammerspiele) vorbei. Die spätklassizistische italienische Klusemannsche Villa mit Turm (1873), wie sie in Potsdams 19. Jahrhundert häufig zu finden ist, wurde 1906 von der 1783 gegründeten Harmoniegesellschaft erworben und als Veranstaltungshaus mit Hochgarten umgestaltet. Seit 1945 provisorische städtische Theaterstätte und seit 1960 der Kammerspiele, dient das Gebäude nach Umbauten 2003–05 als städtisches Schauspielhaus. Eine Ruhepause in Garten oder Restaurant mag uns als vorübergehende Inszenierung auch schon genügen.

Neuer Verkehrsknotenpunkt der Innenstadt wurde in der Zeit nach der deutschen Reichsgründung 1871 der **Hasselbachplatz**, auf den fünf Straßen münden: Otto-von-Guericke-, Hallische (und damit Bahnhofs-), Stern-, Liebigstraße (und damit auch die angrenzende Hegelstraße) sowie der Breite Weg. Im Zentrum wurde 1890 zu Ehren des Stadterweiterers und Oberbürgermeisters Carl Gustav Hasselbach (1809–1882) der vom Berliner Bildhauer Albert Bergmeier (1856–1897) gestaltete neobarocke Hasselbach-Brunnen aufgestellt, der aber bereits

Schauspielhaus in der Klusemannschen Villa

Hasselbachplatz als Verkehrsknotenpunkt seit der Jahrhundertwende

Gründerzeithäuser an der Otto-von-Guericke-Straße

Vom Hasselbachplatz markiert die Stahlskulptur Aerobiont den Weg zur Elbe

1927 wegen der Straßenbahnkreuzung wieder weichen musste und auf den Haydnplatz in der Alten Neustadt versetzt wurde. Damit orientierte sich Magdeburg wieder einmal, nun am barocken Rom, wo die von Obelisken bekrönten Brunnen als Fixpunkt der Straßenachsen aufgestellt wurden. Nach einem Blick in den Breiten Weg, den historischen Handelsweg, den wir noch mehrfach kreuzen werden, biegen wir in die Liebigstraße ein. An ihrem Beginn steht die acht Meter hohe Stahlskulptur **Aerobiont I** des aus Halberstadt stammenden und an der Giebichenstein geschulten Künstlers Jörg-Tilmann Hinz (geb. 1947). Das 1992/93 geschaffene Kunstwerk sollte eigentlich auch wieder auf die Mitte des Hasselbachplatzes und kam aus verkehrstechnischen Gründen an dessen Rand zu stehen. Nun versucht es von hier aus, mit seiner Leichtigkeit einen Luftzug zu erheischen, um sich selbst und den Stadtraum zu aktivieren.

Grün und urban und verbunden durch die Elbe

Neoklassizistisches Hegel-Gymnasium

VOM HASSELBACHPLATZ ZUM ROTEHORNPARK

Der Blick durch die Liebigstraße weitet sich über das Schleinufer hinweg bis an und über die Elbe, jedoch biegen wir nach kurzem Weg zunächst nach rechts in die **Hegelstraße** (ehem. Augustastraße) ein. Die ab 1877 nach Pariser Vorbild, den ab 1853 entstandenen Boulevards der Kaiserzeit Napoleons III. von George-Eugène Haussmann (1809–1891), angelegte Repräsentationsachse läuft im Norden direkt auf den Dom und im Süden auf das Hegel-Gymnasium zu. In den 1980er-Jahren war zunächst der Abriss geplant, dann wurden zaghaft Höfe entkernt und instandgesetzt. Im Rahmen des Programms »Städtebaulicher Denkmalschutz« konnte frühzeitig 1990–95 die gesamte Hegelstraße mit Reihenpflasterung, Gehwegen mit Mosaikpflaster, Einfriedung mit Sandsteinpfeilern, Eisenzäunen und Vorgartenbepflanzung, Kandelabern und Alleebäumen rekonstruiert werden. Parallel führten Privateigentümer die Sanierung der Häuser aus Neorenaissance und Neobarock durch, deren Eingangssituationen oftmals prachtvoll in Malerei, Stuck und Plastik gestaltet sind. Das Ensemble beweist den kraftvollen Willen und den Stolz der Magdeburger auf ihre bedeutende Geschichte und erhielt zu Recht 1994 den Bundespreis zum Erhalt von historischem Stadtraum.

Wo die Hegel- im Süden in die Harnackstraße einmündet, erstreckt sich auf der linken Seite der Schulkomplex des heutigen **Hegel-Gymnasiums**, der seinesgleichen in Deutschland sucht. Zwei kurz hintereinander errichtete Schulgebäude, die Viktoriaschule (Mädchenlyzeum) zur Harnackstraße hin

General Steuben blickt von Magdeburg in die Neue Welt Amerikas

(1913–15) und zum Schleinufer hin die Bismarckschule (Jungenrealgymnasium) (1910–12), bilden einen geschlossenen neoklassizistischen Baukomplex, dessen Rundturm eine der ersten Schulsternwarten Deutschlands bekrönte. Das spätere »Haus der sowjetischen Offiziere« wurde umfangreich saniert – gerade das Entfernen der typischen vielschichtigen grauen Ölfarbe auf allen Wand- und Steinflächen gestaltete sich nicht so einfach – und mit einer Turnhalle ergänzt, sodass es seit 1996/98 das renommierte Hegel-Gymnasium beherbergt. Auf dem grünen Mittelstreifen in der Harnackstraße steht vor dem Haupteingang der Gymnasiasten das **Steuben-Denkmal**, das an den Magdeburger General Friedrich Wilhelm von Steuben (1730–1794) erinnert. Das 1996 aufgestellte Standbild des Deutsch-Amerikaners Albert Jäger (1868–1925) ist eine Kopie des 1910 im Lafayette Park in Washington D.C. aufgestellten Originals.

Der ehemals preußische Militär war als Generalinspekteur 1777 maßgeblich am Sieg der Amerikaner im Unabhängigkeitskrieg beteiligt, sodass seit 1957 zu seinen Ehren in New York die alljährliche Steuben-Parade stattfindet. Weltweite Berühmtheit hat er durch die Einführung des Kürzels »o. k.« in die Umgangssprache erlangt – für die Schüler des Hegel-Gymnasiums ein zeitgemäßer Bezugspunkt.

Die Harnackstraße mündet in die unendlich sich ziehende Straße Richtung Schönebeck, wo kurz vor dem historischen Industriezentrum Buckau links schon die nächsten Ziele mit den Grusonschen Gewächshäusern und dem Gesellschaftshaus warten. Gegenüber, etwas versteckt hinter der Böschung, findet sich eine von Paul Gorgass errichtete Milchkuranstalt (1925/27), die von den Geschwistern Rose bis 1947 als **Café Sahneröschen** betrieben wurde. Gegenüber liegen Gesellschaftshaus wie Gewächshäuser am Rand des **Klosterbergegartens** (ehem. Friedrich-Wilhelms-Garten), der 1824–35 nach Entwurf des

Milchkuranstalt Sahneröschen inmitten der Natur

königlich preußischen Gartenarchitekten Peter Joseph Lenné (1789–1866) als erster Volkspark Deutschlands (heute 22 von urspr. 33 ha durch Industrie- und Verkehrsbedarfe verloren) angelegt wurde. Nach Beseitigung der Kohlelager konnte das leicht abfallende Gelände – eine Ähnlichkeit zum Jenischpark in Hamburg ist unverkennbar – wieder bis 2002 direkt an die Elbe herangeführt werden. Gleichzeitig wurde 1828–29 an der höchsten Geländestufe nach Idee von Karl Friedrich Schinkel (1781–1841), der 1821–24 auch die Nikolaikirche in Magdeburg-Neustadt baute, das klassizistische **Gesellschaftshaus** (heute Telemann-Zentrum) errichtet. Garten wie Bau wurden bei der Realisierung durch den Magdeburger Stadtbaumeister Friedrich Wilhelm Wolff (1783–1862) modifiziert. Im 19. Jahrhundert erweitert und bis 2005 saniert, kreist beim Gesellschaftshaus alles um das Magdeburger Musikgenie Georg Philipp Telemann (1681–1767), den mit Händel und Bach dritten großen und mit über 3.600 Werken produktivsten Barockkomponisten Deutschlands: Telemann-Pflege, Telemann-Festtage, Telemann-Forschung, Telemann-Wettbewerbe – alles in allem »Telemania«.

Klosterbergegarten mit Gesellschaftshaus aus der Elbaue

Dachlandschaft von Grusons Gewächshäusern

Den Namen erhielt die Parkanlage aber vom 937 am Domplatz gegründeten und 967 hierhin, außerhalb der Stadtmauer verlegten **Benediktinerkloster St. Johannes der Täufer** auf dem Berge (Kloster Berge), das nach großen mittelalterlichen Blütezeiten und auch als bedeutende Schule nach der Reformation unter Kaiser Napoleon I. (1769–1821) komplett 1813 niedergelegt wurde. Auch die Schriftsteller Christoph Martin Wieland (1733–1813) und Friedrich von Matthison (1761–1831) drückten im 18. Jahrhundert im überregional berühmten Pädagogium die Schulbank. Innerhalb der Parkanlage errichtete die Stadt 1896 zehn, 2020/22 wiederhergestellte **Grusonsche Gewächshäuser** (4.000 qm), in denen über 3.000 exotische Pflanzenarten aus 350 Gattungen – von Kakteen über Wasserpflanzen und Palmen bis zur größten Blume der Welt, der Titanwurz – in angenehmer Schwüle erlebt werden können. Die Mittel zum Bau wie die

Aufstieg vom Klosterbergegarten über den Froschbrunnen zur Sternbrücke

Sammlung selbst entstammen dem bürgerschaftlichen Engagement des Industriepioniers Hermann Gruson (1821–1895). Als Nachfahre eingewanderter Hugenotten erfand er den Eisenhartguss und verwob sein Magdeburg-Buckauer Unternehmen 1892 mit dem Essener Krupp-Konzern zur Maschinenfabrik Krupp-Gruson. Nebenbei frönte er der Leidenschaft für Kakteen und besaß die größte und reichhaltigste Kakteensammlung Europas. Aufgrund seiner Verdienste wurde 1886 der Goldkugelkaktus botanisch nach ihm »Echinocactus grusonii« benannt. Die meisten Männer kennen die großstachelige kissenartige Kugel aus eigener Erfahrung eher unter ihrem geläufigen Namen als »Schwiegermutterstuhl«.

An dem wiederhergestellten Inselteich vorbei erreichen wir nach steilem Aufstieg über die 1924 angelegte Treppenanlage mit dem Froschbrunnen die **Sternbrücke**. Als Entree zur Rotehorninsel 1914–22 über die Gleise des alten Elbebahnhofs und dann über die Elbe geführt, wurde sie 1945 – wie alle anderen Magdeburger Brücken auch – von deutschen Soldaten gesprengt und 2002–05 unter Verwendung historischer Brückenpfeiler wieder errichtet. Sie erhielt 1925 den Namen des ersten Reichspräsidenten der Weimarer Republik Friedrich Ebert (1871–1925), der noch ein Jahr vor seinem Tod 1924 in Magdeburg einem diskriminierenden Beleidigungsprozess ausgesetzt war. Aus erhöhter Position schweift der Blick von hier aus südlich über den Klosterbergegarten und nördlich auf das neue **Elbequartier**, das sich über dem Gleisareal des alten Elbebahnhofs mit mehr oder minder hoher ästhetischer Bauqualität ab 2010 ausgebreitet hat, und auf das 1872/73 errichtete **Kavalier I** (Scharnhorst), das als Festungswerk das Eisenbahntor im Süden zu schützen hatte und nun als Wohnkomplex dient. Vor uns breitet sich die **Elbinsel Rotehorn** aus, an die sich nördlich die **Wohninsel Großer Werder** anschließt. Diese beiden Inseln liegen zwischen der stadtnahen und schiffbaren **Stromelbe**

Sternbrücke als Scharnier zwischen Stadt und Rotehornpark

und der **Alten Elbe**. Vom »Urstromtal« der Elbe, das sich seit der letzten Eiszeit in mehreren mäandrierenden Flusstälern vor der Stadtmauer geschlängelt hatte, sind nach den Begradigungen des 19. Jahrhunderts noch diese beiden von der Innenstadt aus erlebbar geblieben. Entlang des Flusses reihen sich auch die stadtnahen grünen Lungen, von Süden nach Norden der **Klosterberge-, der Rotehorn-, der Elbauen- und der Herrenkrugpark**, die wichtige Bausteine des gartentouristischen Landesprojektes »Gartenträume« sind. Mit den in beiden Richtungen sich anschließenden, geschützten Naturräumen von **Biederitzer Busch** im Norden und **Kreuzhorst** im Süden ist Magdeburg damit eine der grünsten Städte Europas.

Der **Rotehornpark** als größte grüne Insel (200 ha) wurde als Mischung aus gewachsenem Auenwald und gestalteter Kulturlandschaft von den beiden Magdeburger Gartenbaudirek-

Erholung auf den Terrassen am Adolf-Mittag-See

toren Paul Niemeyer (1827–1901) ab 1871 und Johann Gottlieb Schoch (1853–1905) ab 1898 angelegt. Der aus der Tauben Elbe entwickelte **Adolf-Mittag-See** kam 1906–08 als Stiftung des gleichnamigen Magdeburger Unternehmers (1833–1920) hinzu. Auch mit dem neuartigen und ganzheitlichen Messe- und Ausstellungsdesign der Mitteldeutschen Ausstellung (MIAMA), der Messe »Zucker« und der Deutschen Theaterausstellung machte Magdeburg in den 1920er-Jahren als Messestadt international auf sich aufmerksam. Das kongeniale Zusammenspiel aus Stadtplanung, Architektur und Design, das vor allem im Stadtplanungsamt Bruno Tauts und in der Kunstgewerbeschule Wilhelm Deffkes wurzelte, ist heute faszinierend, aber rudimentär an der **Stadthalle** von Johannes Göderitz und an dem, nach dem entwerfenden Architekten Albinmüller (Albin Müller, 1871–1941) benannten **Albinmüller-Turm** (ehem. Aussichtsturm Rotehornpark) von 1926/27 sowie dessen Pferdetor abzulesen. Expressionismus, »Modernes Bauen« und »Neue Sachlichkeit«, Natur, Wasser, Bauten und Parks bilden hier eine stilistische und organische Einheit – bezeichnend für die eigenständige Magdeburger Moderne. Die 2021 begonnene ganzheitliche denkmalpflegerische Sanierung des Stadthallenareals und die Gestaltung seines Umfeldes, eingebettet in den Park des Rotehorns, wird erst das spektakuläre Erscheinungsbild an der Elbe wiederherstellen. Die 15 Meter hohe Glas-Stahl-Konstruktion als Abschluss des Albinmüller-Turms leuchtet aber weiter von innen heraus den Magdeburgern und den Besuchern als innovative und emotionale Orientierung beim Nachtspaziergang. Vor der Stadthalle ist 1974 in den Elbwiesen der 1909 in Roßlau gebaute Elbeseitenrad-Schleppdampfer **Württemberg** an Land gegangen, der als Lastschiff zwischen Melnik in Tschechien und Hamburg an der Nordsee unterwegs war und an die Bedeutung des Flusses für Handel und Stadt erinnert. An die Stadthalle angrenzend wird 2021/22 die quadratische **Hyparschale** aus Stahlbeton in vier hyperbolischen Paraboloiden des Binzer Bauingenieurs Ulrich

Albinmüllers Pferdetor an der Stadthalle

Schleppdampfer Württemberg am Elbeufer

Müther (1934–2007) saniert, dessen Sinnhaftigkeit, Nutzungsmöglichkeit und Schönheit noch nicht jedem Magdeburger einsichtig ist. Nördlich des Stadthallenareals schließt sich das in den Naturraum eingebettete, riesige halbkreisförmige Landesfunkhaus des **Mitteldeutschen Rundfunks** (MDR) an, das 1996–98 vom Darmstädter Architekten Eckhard Gerber (geb. 1938) und dessen Büro errichtet wurde. Mit seiner schwarzen Klinkerverkleidung orientiert es sich an der Stadthalle und am gegenübergelegenen Dom. Mit seiner offenen, nur aus einer 70 Meter breiten Glaswand bestehenden Westseite blicken das Gebäude wie die darin befindlichen Besucher und somit auch die Fernsehzuschauer bei hier aufgezeichneten Sendungen über die Elbe auf Dom und Domviertel. Aus dem Funkhaus herausschauend, haben wir scheinbar ein überdimensioniertes gerahmtes Kunstwerk vor uns – die Altstadt von Magdeburg.

Domspiegelung an der Fassade des Landesfunkhauses

Möllenvogteigarten mit der Rückfront des Bischofs- und Königspalais

VOM ROTEHORNPARK ZUM DOMPLATZ

Gegenüber dem Landesfunkhaus kehren wir über die **Hubbrücke** von der Rotehorninsel in die Stadt zurück. Die denkmalgeschützte Fachwerkträgerkonstruktion entstand 1846 als Brücke für die Eisenbahnstrecke nach Potsdam, wurde 1890 zur Dreh- und 1912 zur Hubbrücke umgebaut. Der erneute Ausbau 1934 machte sie mit 90 Meter Spannbreite zur größten Hubbrücke Europas. In geöffneter, hochgefahrener Position wurde sie 2001 von der Bahn stillgelegt, gesperrt, privatisiert und mit einer Bürgerinitiative zur Anschaffung neuer, mit den Namen der Spender versehenen Holzbohlen 2005 wieder für Fußgän-

Ehemals größte Hubbrücke Europas über die Elbe

ger und Radfahrer geöffnet. Im Rahmen des Projektes »Die Elbe [in]between« des Kunstmuseums Kloster Unser Lieben Frauen 2007/08 brachte der italienische Künstler Maurizio Nannucci (geb. 1939) an beiden Seiten der Brücke Neonröhren-Leuchtschriften an. »Von so weit her bis hierhin« strahlt uns nachts in blauen Lettern an der Nord- und »Von hier aus noch viel weiter« in roten Lettern an der Südseite direkt und nochmals unscharf gespiegelt im Wasser entgegen. Und Nannucci macht uns nachdenklich, dass wir wie die Menschheit und alles »im Fluss sind«, aber auch vernetzt, da unsere Wege wie das Wasser des Flusses verbunden sind und unsere Gedanken in beide Richtungen vom Fluss weitergetragen werden.

Wir kehren zurück zum Gelände des alten **Elbebahnhofs**, das sich ab 2010 in eine dichte Wohn- und Bürobebauung verwandelt hat. Mittendrin zeugt noch ein in nord-südlicher Richtung verlaufendes Gleis von dem Anfang des 19. Jahrhunderts ebenfalls vom Militär an die Elbe gezwängten zivilen Zugverkehr. Die Strecke nach Leipzig (Teilstück bis Schönebeck) wurde bereits 1839, die nach Halberstadt 1843 und die nach Potsdam 1846 – über die Hubbrücke – eröffnet. Dabei war die Linie Magdeburg–Leipzig (1838–40) die erste internationale Eisenbahnstrecke weltweit, da sie das Königreich Preußen (Magdeburg), das Herzogtum Anhalt-Köthen (Köthen) und das Königreich Sachsen (Leipzig) miteinander verband. Globalisierung verbreitet auch die im Rahmen von »Die Elbe [in]between« 2007/08 geschaffene Skulptur **Zeitzähler** der deutsch-französischen Künstlerin Gloria Friedmann (geb. 1950) am Platz des Elbebahnhofs. Die silberne (Erd-)Kugel mit Uhren, die die Zeiten an unterschiedlichen Weltflüssen anzeigen, und einem darauf sitzenden, in der Elbe-Zeit-Uhr lesenden Mann verweist darauf, dass die Zeit immer im Fluss ist, aber Flüsse auch die Menschen verbinden – an Magdeburgs Elbe können nun Räume und Zeiten und Kulturen beruhigt zusammenfließen.

Gloria Friedmanns Zeitzähler verbindet Magdeburg mit der Welt

Palais am Fürstenwall für Kaiser, Gouverneure und Ministerpräsidenten

Atrium des Palais mit Andreas Kühnleins Reiterskulptur

Auf der geraden Achse vom »Zeitzähler« in die Straße »Zum Domfelsen« und die Keplerstraße gelangen wir wieder zur repräsentativen Hegelstraße, biegen rechts in sie ein und laufen auf die Südfront des Domes zu. Auf der rechten Seite erhebt sich als einziger frei stehender Bau der Straße und in einem großzügigen Parkgrundstück das **Palais am Fürstenwall** (ehem. Generalkommando des IV. Armeekorps). Der 1889–93 vom Architekten Paul Ochs (1855–1929) errichtete Palazzo in Ziegel und Sandstein orientiert sich am italienischen Barock. Nach langer Nutzung als »Haus der Deutsch-Sowjetischen Freundschaft« (1949–90) erfolgte eine langwierige Restaurierung, besonders des Atriums mit der bernsteinfarbenen Glaskuppel, des Treppenhauses, des Festsaals und den Kaiserzimmern, einschließlich der Freilegung der historischen Bemalung. Seit 2005 ist der Palais Amtssitz des Ministerpräsidenten des Landes Sachsen-Anhalt und Staatskanzlei, wo sich in früheren Zeiten schon der spätere Reichspräsident Paul von Hindenburg (1847–1934)

Domgymnasium mit jahrhundertealtem Bildungsanspruch

als Kommandeur (1903–11) und mehrfach kurz auch Kaiser Wilhelm II. (reg. 1888–1918) aufgehalten haben.

Gegenüber befindet sich das Ökumenische **Domgymnasium** (ehem. Domschule), das bereits 1675 gegründet wurde, in seinem 1879/80 in gelbem Backstein errichteten Neubau. Nach hinten erhielt die Schule, die 1880–1949 und ab 2000 hier ihren Sitz hat, 1930 einen dunkelroten Klinkeranbau durch Johannes Göderitz, 1998–2000 neben der Sanierung einen Querverbinder und eine Turnhalle sowie 2020/21 eine Cafeteria. Auf der das 19. Jahrhundert besonders prägenden Schule, in die auch 1928 das Pädagogium Kloster Unser Lieben Frauen aufging, machten u.a. die späteren Unternehmer Hermann Gruson und Rudolf Wolf (1831–1910) ihr Abitur.

Wieder auf der anderen Straßenseite breitet sich zwischen Dom und Palais am Fürstenwall der kleine, vom Magdeburger Gartendirektor Johann Gottlieb Schoch 1900 entworfene **Friesenpark** aus. Nach Aufschüttung eines Hügels wurde 1877 das von Reichskrone und Reichsapfel bekrönte **Kriegerdenkmal** zu Ehren des Sieges gegen Frankreich und zur Reichseinheit des Burger Architekten Hermann Eggert (1844–1920), als dessen Hauptwerk der Frankfurter Hauptbahnhof gilt, eingeweiht, dessen Sockel vier Bronzereliefs von Emil Hundrieser (1846–1911) zieren. An der Hegelstraße befindet sich hingegen das kleine, aber namensgebende **Friesen-Denkmal** mit der 1893 vom Magdeburger Bildhauer Ernst Habs (1858–1898) geschaffenen Büste des Magdeburgers Karl Friedrich Friesen (1784–1814), des Freiheitskämpfers gegen Napoleon und Gesundheitsvorkämpfers für das Turnen und Schwimmen. Hinter dem Einheitsdenkmal lädt eine Terrasse mit Lindenhain und Gartenausschank einer ehemaligen **Milchkuranstalt** im Sommer zum Verweilen ein. Davor öffnen sich die wieder ausgegrabenen Festungsanlagen der **Bastion Cleve** (Rondell Gebhardt). Auch hier gibt die Archäologie seit 2008 einen Blick in die neuzeitliche Stadtbefesti-

Denkmal für Reichseinigung und Deutsch-Französischen Krieg 1870/71

Milchkuranstalt als Ruhepool im Friesenpark an der Elbe

Bastion Cleve als Bruchstück der Festungsstadt Magdeburg

gung Magdeburgs frei. Besonders interessant ist dabei, dass hier, direkt am Dom die Stadt zu Ende war, bereits die mittelalterliche Stadtmauer mit dem Sudenburger Tor verlief und bis 1870 auch die neueren Festungswerke eine Weiterentwicklung der Stadt bremsten. Erst dann machten Abriss und Zuschüttung den Bau der Hegelstraße und ihres Umfeldes möglich.

Der Weg führt uns kurz über die Brücke des Schleinufers auf eine Art blindem Wurmfortsatz über die Elbe. Die **Kaiserrampe** macht den Blick weit auf die Elblandschaft, nach vorne zum Landesfunkhaus, nach unten zu den Sitzstufen bis ins Wasser, nach rechts zur neuen Elbbahnhofbebauung und nach links zur kleinen Befestigung des Leipziger Tores (1837–40) für den Eisenbahntunnel in die Stadt, wo seit Um- und Anbau 2016/17 kulinarische Angebote auf uns warten. Ein noch im Boden verbautes Gleis führt uns mit dem Auge nördlich entlang der mittelalterlichen Stadtmauer weiter zum 1838/39 errichteten ersten **Bahnhof** an der Elbe, der bis 1876 in Betrieb war und wo sich heute am Schleinufer ein Demenzzentrum befindet. Dort hatte bereits 1840 der dänische Dichter Hans Christian Andersen (1805–1875) zum ersten Mal einen fahrenden Zug gesehen, das dampfende Ungetüm beschrieben und ist mit ihm bis nach Leipzig gefahren.

Von der Rampe wieder zurück promenieren wir unter Bäumen entlang des **Fürstenwalles**. Da es innerhalb der engen Verhältnisse der damaligen preußischen Festungsstadt keine luftige Erhebung und keine Möglichkeit einer Parkschaffung gab, wurde hier, hinter dem Domplatz, 1722–25 die Fläche zwischen alter Stadtmauer und Zwinger von Ingenieurhauptmann Georg Preußer aufgefüllt und damit eine Promenade zum Lustwandeln und zum Elbblick geschaffen. Links gehen die Augen zunächst auf den **Tartarenturm** der alten Domimmunitätsmauer und rechts auf den rekonstruierten **Wehrturm Kiek in de**

Sitzen und Genießen vom Domfelsen bis in die Elbe hinein

Köken inmitten der 1430/31 errichteten Stadtmauer, wo die Soldaten der Überlieferung nach Einblick in die Küche des erzbischöflichen Palastes hatten. Etwas weiter befindet sich links das **Wasser- und Schifffahrtsamt** (ehem. Amtssitz des Oberpräsidenten der preußischen Provinz Sachsen), das 1842–51 in neogotischer Burgenromantik mit zwei Ecktürmchen und einstigem »Zugbrückenübergang« zum Fürstenwall unter König Friedrich Wilhelm IV. (reg. 1840–1861) gebaut wurde. Das **Barockgebäude** daneben (heute ebenfalls Schifffahrtsamt), zu dem wir hinunterschauen können, wurde 1723 vom Zimmermeister Johann Jakob Scheer errichtet und war ab 1735 im Besitz des Kaufmanns Heinrich Wilhelm Bachmann des Älteren (1706–1753) und des Jüngeren (1737–1776). Beide machten ihr Haus zum literarischen und geistigen Mittelpunkt der Stadt und pflegten aufklärerische Beziehungen u. a. zu den Dichtern Friedrich Gottlieb Klopstock (1724–1803) nach Quedlinburg und Johann Wilhelm Ludwig Gleim (1719–1803) nach Halberstadt. In der Mitte des Rondells am Ende der Promenade, die bis 1945 mit einer Brücke zum Kloster Unser Lieben Frauen weiterführte und doppelt so lang war, fand 2010 die lebensgroße Statue der heiligen **Mechthild von Magdeburg** der Kanadierin Susan Turcot (geb. 1960) als scheinbar durchsichtige Kunststofffigur auf einem Stahlsockel Aufstellung, die ebenfalls 2007/08 im Rahmen des Projektes »Die Elbe [in]between« geschaffen wurde. Die Magdeburger Begine – eine frühe Form der Frauenemanzipation in europäischen Städten – Mechthild (um 1207–um 1282) zog sich nach Anfeindungen in ihrer Vaterstadt in das Zisterzienserinnenkloster Helfta zurück, wo sie als Mystikerin neben der rheinischen Hildegard von Bingen eine der großen Frauengestalten des Mittelalters wurde. Ihre Visionen sind in ihrem Hauptwerk, dem »Fließenden Licht der Gottheit«, aufgezeichnet, die sich auch in ihrer lichtdurchflutenden Figur mit Blick über die Elbe widerspiegeln.

Fürstenwall als barocke Flaniermeile in der ummauerten Stadt

Mechthild als Sinnbild für weibliche Emanzipation und transluszierende Mystik

Möllenvogteigarten zwischen Fürstenwall und Oberpräsidentenpalais

Nachdem wir einen Blick über die Elbe rechts und auf das Kloster Unser Lieben Frauen links genossen haben, gehen wir auf dem Fürstenwall den halben Weg zurück und folgen rechts einer Stahltreppe in den **Möllenvogteigarten** (urspr. Bischofsgarten). Der Blick von oben bietet schon ein für Magdeburg besonderes Panorama, das vom Dom über die Rückansichten der Alten Möllenvogtei und des Königspalais bis zum Palais des Oberpräsidenten reicht. Die Parkanlage gehörte nur zum kleinen Teil zum Haus des Möllenvogtes, zum größeren zum Erzbischofspalais (alter Baumgarten) und ist bereits 1377 als erste gärtnerische Anlage der Stadt erwähnt worden. Im heutigen Senkgarten zwischen Fürstenwall, in dessen Nischen eine nachts hell erleuchtete, kopflose barocke Skulpturengalerie Aufstellung fand, und Königspalais lässt sich sehr gut unter Bäumen und am Springbrunnen entspannen. Der Blick sollte auf jeden Fall noch

Regeneration zwischen Bäumen und Brunnen der Möllenvogtei

auf den in das Königspalais eingebauten Chor der gotischen **Kapelle St. Gangolfi** gehen. Wahrscheinlich in den Grundmauern Rest der zweiten ottonischen Großkirche auf dem Domplatz, deren rekonstruierte Fundamente wir noch sehen werden, wurde sie 1004–12 von Erzbischof Tagino (reg. 1004–1012) als erzbischöfliche Hauskapelle errichtet. In ihr wurden die Herzen und Eingeweide der Erzbischöfe separat beigesetzt, weshalb sie umgangssprachlich auch »Kaldaunenkapelle« genannt wurde. Integriert in die Erzbischofsresidenz entstand 1373 ein spätgotischer Neubau als Teil des Kollegiatstifts zur heiligen Jungfrau Maria durch Erzbischof Peter Jelito (auch Wurst oder von Brünn genannt, reg. 1371–1381), das als evangelisches Stift bis 1810 Bestand hatte.

In die Stadt hinein geht es vom Garten durch das 1493 errichtete **Stadttor**, das einzig erhaltene der Stadt. Eigentlich ist es kein Stadttor, auch viel zu klein für diese bedeutende Handelsstadt, sondern ein Tor zwischen der **Domimmunität** und dem

Mittelalterromantik um das Stadttor des Möllenvogtes

Remtergang und Tatarenturm verknüpfen Stadt und Elbe

Bischofsgarten, wo sich im Mittelalter auch Bischofshafen und Marstall befanden. Die Domimmunität war ein eigener, von einer Mauer umschlossener Rechtsbezirk des Erzbischofs, der neben dem Dom und dem Domplatz als Neuem Markt auch die bereits besuchte Sebastiankirche und das Kloster Unser Lieben Frauen mit einbezog. Um das Stadttor herum ist noch die alte Immunitätsmauer erhalten, auf die bereits die mittelalterlichen Häuser direkt gebaut wurden, da sie kaum mehr Verteidigungszwecke hatte.

Durch das Stadttor steigen wir den steilen, früher noch engeren Weg an der Alten und Neuen Möllenvogtei vorbei zum **Remtergang** hinauf, wo wir rechts schon auf den Domplatz sehen. Dieser kleine Weg, der seinen Namen vom anschließenden Domrefektorium (Remter) erhalten hat, war früher eine Sackgasse und führt seit 1899 durch den 1239/41 errichteten Tartarenturm zur Elbe. Wie das Gebiet des Wallonerberges, den wir später noch in Augenschein nehmen, vermittelt dieses kleine Quartier mit seiner historischen Wegegestaltung einen Eindruck, wie die Altstadt Magdeburgs vor 1945 gewirkt haben mag. Das Haus links mit der es umschließenden Mauer war bis 1810 eine Domherrenkurie und Sitz des Domsyndikus und stieß direkt an das im 19. Jahrhundert abgerissene Domkapitelhaus an. Es ist das älteste erhaltene Wohnhaus Magdeburgs, das die Feuerstürme 1631 und 1945 überstanden hat, und geht in seinen Gewölbekellern bis ins Mittelalter zurück. An seinem Giebel prangen zwei sogenannte Neidköpfe, die mit ihren Fratzen das Böse vom Haus abwehren sollen. Durch das kleine Fenster in der Mitte können die unangenehmen Geister zudem zum Entschwinden gebracht werden.

Domplatz und Dom als beeindruckendes und zum Verweilen einladendes Welterbe

AUF DEM DOMPLATZ

Wir stehen hier vor allem vor der Ostapsis des **Domes St. Mauritius und Katharina** – welch ein Blick in die Höhe! Otto der Große hat an seiner bislang nicht gefundenen Pfalz 937 das Mauritiuskloster gegründet und es mit Benediktinermönchen aus dem europaweit bekannten Reformkloster St. Maximin in Trier besetzt, wo bereits sein Vater Heinrich I. Laienabt gewesen war. Als Magdeburg 968 Erzbistum wird, müssen die Mönche den Patron Johannes den Täufer sowie den Umzug nach Kloster Berge akzeptieren. Seinem Lieblingspatron Mauritius, dessen Lanze ihn 955 in der Schlacht auf dem Lechfeld gegen die Ungarn gewinnen ließ und die sich als eine der Reichskleinodien seit 1800/01 in der weltlichen Schatzkammer in Wien befindet, wird nun der neue Dom geweiht, während die heilige Katharina von Alexandrien als Patronin der Wissenschaft – welch weise Voraussicht von Erzbischof Dietrich Kagelwit (reg. 1361–1367) für die heutige Wissenschaftsstadt Magdeburg – erst 1363 hinzutritt. Nach genau 600 Jahren wird der Dom 1567 evangelisch und ist heute Bischofskirche der Evangelischen Kirche in Mitteldeutschland. Welches der erste Dom bzw. welche die erste Klosterkirche ist, bleibt noch strittig, da auf dem Domplatz auch eine zweite ottonische Großkirche ergraben wurde, deren Gangolfkapelle wir schon gesehen haben. Ein großer Stadtbrand vernichtet 1207 jedenfalls den damaligen Dom an der heutigen Stelle, sodass Erzbischof Albrecht II. von Käfernburg (reg. 1205–1232) den heutigen Neubau beginnt. Da er den neuesten französischen Stil durch sein Studium in Paris

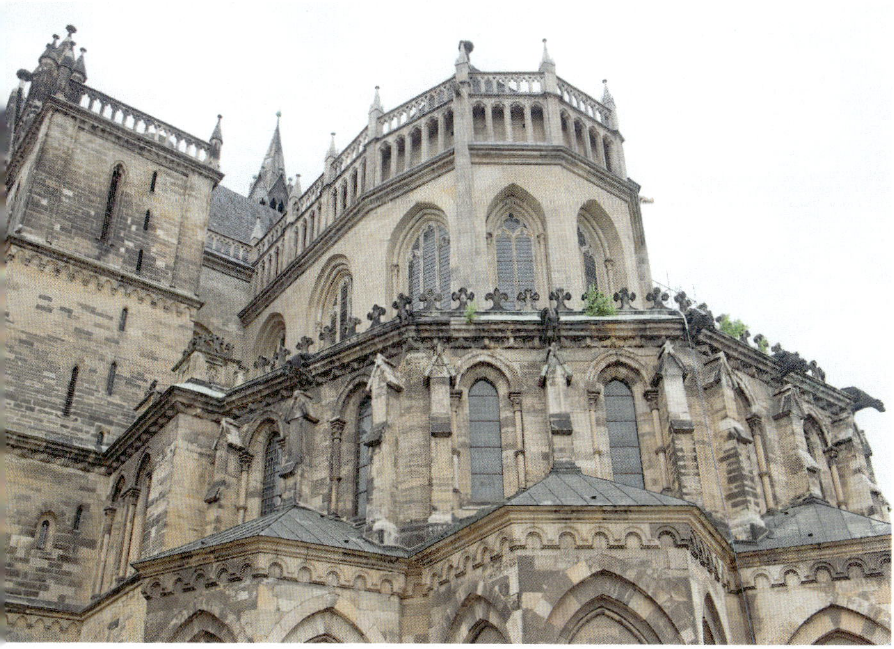

Der Chor des Domes changiert noch zwischen deutscher Romanik und französischer Gotik

Auch der Kreuzgang besitzt romanische und gotische Flügel

Erster gotischer Großbau auf deutschem Boden und im Mittelalter vollendet

kannte, errichtete er mit dem neuen Magdeburger Dom den ersten gotischen Sakralbau auf deutschem Boden – noch vor der Liebfrauenkirche in Trier (1227–43) und der Elisabethkirche in Marburg (1235–83). Die 1209 an der Apsis begonnene kreuzförmige Basilika von 120 Metern Länge, 37 Metern Breite und 32 Metern Höhe im Innern wird 1520 mit den 99 bzw. 111 Meter hohen Westtürmen fertiggestellt. Auch dies macht den Magdeburger Dom besonders, da u.a. der Kölner (1249–1880) oder der Regensburger Dom (1275–1872) wie viele andere nicht mehr im Mittelalter vollendet wurden.

Beim Abschreiten der Nordfront entlang des Domplatzes können wir nun selbst den Bauablauf über 300 Jahre und die Stilentwicklung von der spätromanisch-frühgotischen Apsis bis hin zu den spätgotischen Türmen ablesen. Ein Flügel des Kreuzgangs besitzt sogar noch die hochromanische Bausubstanz der Vorgängerkirche. Tage könnten wir im Dom hochkarätige Details von Bau und Ausstattung erkunden, müssen uns jedoch auf das Wesentliche beschränken. Beim ersten Durchgang im Innern sollten wir die Augen auf jeden Fall nach oben zu den floralen und figürlichen Kapitellen der Säulen und Pfeiler richten, die vom Langhaus bis zum Chorumgang mit seinen fünf Kapellen immer ausdrucksstärker und filigraner werden. An gotischer Plastik bietet der Magdeburger Dom mit das Beste, was sich in Deutschland um 1240/50 finden lässt: die klugen und törichten Jungfrauen in der Paradiespforte, die in ihren modischen Gewändern expressiv ihr Freud und Leid unter dem Tympanon des Todes und der Krönung Mariens zur Schau stellen, Christus und Ecclesia, die in ursprünglicher farbiger Fassung und innerer Ausgeglichenheit heute in der Heilig-Grab-Kapelle residieren, sowie die Heiligen Mauritius und Katharina im Hohen Chor. Gerade der Mauritius, der Patron der Magdeburger und ihres Domes, steht mit seiner vollplastischen und naturalistischen Gestaltung und den Resten der originalen Farbfassung einzigartig da. Otto I. hatte den

Törichte Jungfrauen der Reimser Schule verschlafen die Ankunft des Herrn …

… und kluge Jungfrauen leuchten ihm mit ihren Öllampen den Weg

Mauritius als deutscher Dompatron und Schwarzafrikaner

schwarzafrikanischen Offizier der Thebäischen Legion, der für Jesus Christus im 3. Jahrhundert den Märtyrertod gestorben ist, bewusst zu seinem Schutzheiligen gemacht. Und so steht uns heute in Magdeburg die erste lebensechte Darstellung eines Schwarzafrikaners in der europäischen Kunst selbstbewusst und stolz gegenüber – und verweist auf eine gelebte tausendjährige Tradition von Offenheit und Integration der Magdeburger.

Innerhalb des Hohen Chores, der durch einen spätgotischen Lettner mit dem Kreuzaltar vom Kirchenschiff abgeschirmt ist, befindet sich in der Mitte der Kirchenachse, umringt vom Chorgestühl des 14. Jahrhunderts, wo Domkapitel und Domklerus für den verstorbenen Kaiser immerwährend beten konnten, das schlichte Grab Kaiser Ottos. Die spätgotische Tumba seiner ersten Frau Editha von Wessex wurde ebenfalls in der Zentralachse hinter dem Hauptaltar in der mittleren Chorkapelle aufgestellt.

Beim Rundgang entdecken wir auch die Heilig-Grab-Kapelle des 13. Jahrhunderts selbst, mit der nur noch die gleichnamige Kapelle im Konstanzer Münster zu vergleichen ist, die Alabaster-Kanzel von Christoph Kapup (1595–97) mit einem in sich ruhenden bärtigen Apostel Paulus mit Schwert sowie das Kriegerdenkmal (1927–29) von Ernst Barlach (1870–1938) für die Gefallenen des Ersten Weltkrieges. Dieses führt uns das Leid des Krieges und keine Heldenverklärung vor Augen und fand deshalb wenig Akzeptanz von den Mächtigen in der Geschichte, ob von den Nationalsozialisten oder den DDR-Oberen. Von hier gingen auch die Friedensgebete 1981 aus, die 1989 zu Demonstrationen auf dem Domplatz und dann zur friedlichen Revolution in Magdeburg und der DDR führten. Von besonderer Bedeutung aus der Domausstattung sind die Grabplatte Ottos, die riesigen Säulen aus dem Hohen Chor und das Taufbecken im westlichen Kirchenschiff, die Kaiser Otto bereits aus Ravenna oder Rom als antik-römische Relikte nach Magdeburg hat schaffen lassen

Heilig-Grab-Kapelle als Himmlisches Jerusalem

Römische Monumentalsäulen aus ägyptischem Marmor beherrschen den gotischen Chor des deutschen Domes

und die in den gotischen Neubau wie Reliquien nochmals eingebaut wurden. Noch mal ein Stück spannender ist es zu wissen, dass die Stücke aus purpurrotem, nur den Kaisern vorbehaltenem Porphyr aus Ägypten stammen, wegen ihrer Härte bis ins 19. Jahrhundert hinein nur in der Antike bearbeitet werden konnten, in römischer Zeit nach Italien verschifft, in kaiserlich-römischen Bauten aufgestellt und von dort über die Alpen oder per Schiff nach Deutschland geschafft wurden – alles nur, damit wir sie heute noch hier bewundern können. Für Magdeburg, das Kaiser Otto als drittes Rom neben Rom und Konstantinopel ausbauen wollte, bedeutete dies ein hohes Maß an herrschaftlichem Selbstverständnis. Eine herausragende Bedeutung in der romanischen Kunst besitzt Magdeburg auch mit seiner Bronzegießhütte, da auch das antike Wissen des Hohlgusses verloren gegangen war und hier neu zur Blüte gebracht wurde. Aus dem Vorgängerdom wurden deshalb auch die Bronzegrabplatten der Erzbischöfe Friedrich von Wettin (reg. 1142–1152) und Wichmann von Seeburg in den neuen Dom überführt. Wenn man genau hinschaut, erkennt man beim Grab Friedrichs, dass der bischöfliche Hirtenstab auf dem Nacken eines kleinen Männchens ruht. Diese Nachbildung einer berühmten antiken Figur aus Rom stellt den Dornauszieher als heidnisches Symbol der narzisstischen Selbstliebe dar, die vom Christentum besiegt wird. Auch der riesige Braunschweiger Löwe wurde zu jener Zeit von Magdeburger Künstlern gegossen, wie auch das große zweiflüglige Portal des Domes im polnischen Plock, das sich heute an der Sophienkathedrale in Nowgorod befindet.

Eine amüsante, nicht unbedingt kirchentreue bronzene Geschichte erzählt uns dagegen wieder Heinrich Apel seit 1963 an den beiden Querhausportalen: Während man die Kirche aus der Paradieskapelle der Jungfrauen mit der Türklinke einer liegenden Figur des antiken Paris betritt, die beim Betätigen die schwierige Auswahl zwischen drei Göttinnen (Hera, Aphrodite, Athene)

Eleganter Dornauszieher unter dem Bischofsstab

Ein heidnischer Paris hat sich im Dom eingeschlichen …

… und wählt mit seinem goldenen Apfel unter drei Göttinnen die der Liebe aus

darstellt, besteht der Türgriff vom Kreuzgang her nur aus dem dann Aphrodite übergebenen Schönheitspreis des goldenen Apfels, der dann den Trojanischen Krieg mit all seinen Folgen auslöste. Am Ende der katholischen Domnutzung steht ebenfalls ein Kunstwerk ersten Ranges: Die Grabkapelle Erzbischof Ernsts von Wettin vor der Westfassade ist ein inhaltlich und künstlerisch geschlossenes Ensemble deutscher Spätgotik-Renaissance, von dem hier das bemalte Eisengitter, die Ausmalung des Gewölbes, das hölzerne Chorgestühl, der Steinaltar, die Bronzeleuchter sowie die Bronzetumba der damals bedeutendsten Gießhütte des Nürnbergers Peter Vischer (1455–1529) genannt werden sollen. Um den Kopf wieder von all der hohen Kunst freizubekommen, lohnt sich die Turm- und Dachführung – zunächst körperlich auf 433 sanierten Stufen zum Nordturm des Domes steigen und dann geistig den Blick frei über die Stadt entfalten.

Der bereits im Mittelalter riesige **Domplatz** ist eine Seltenheit in der abendländischen Stadtgeschichte. Normalerweise befindet sich die europäische Bischofskirche im Zentrum der von einer Stadtmauer umgrenzten Stadt und umringt von einer engen Wohnbebauung. Der Magdeburger Dom ist einerseits eine späte und politisch durchgefochtene Bistumsgründung und wurde zweitens nicht im Zentrum der Handelsstadt, wo es kaum Ausdehnungsmöglichkeiten mehr gab und die Stadtkirche St. Johannis bereits den potenziellen Standort des Domes besetzt hatte, sondern am äußersten Rand der Stadt, am Standort des ehemaligen Benediktinerklosters errichtet. Im Laufe des Mittelalters, als die Domimmunität mit einer eigenen Rechtsmauer umgrenzt war und sich eine Konkurrenzsituation zwischen Erzbischof und Bürgerschaft entwickelte, wurden hier auf dem Neuen Markt als Gegenpol zum Alten Markt auch Messen und Märkte abgehalten. Nach den Zerstörungen von 1631 entwickelte sich Magdeburg nur schleppend. So war es auch möglich, dem mächtigen Domplatz ab 1688 eine symmetrische Form zu geben, auf den die unregelmäßigen Straßen der Altstadt einmündeten. Zunächst wurde die Anlage 1722 gepflastert und diente als Exerzierplatz der Soldaten, da Stadtgouverneur Fürst Leopold I. von Anhalt-Dessau auch den Gleichschritt und den eisernen Ladestock in die preußische Armee einführte, und dann 1764/65 mit Kies belegt sowie mit Linden- und Kastanienbäumen bepflanzt als Flanierplatz der Bürger. So lässt sich auf dem Domplatz über die verschiedenen baulichen Spuren die 1.200-jährige Geschichte Magdeburgs ablesen. Die Reste mehrerer um 780 angelegter, halbmondförmig gebogener **karolingischen Spitzgräben**, die die hiesige Siedlung Magdeburgs schützten, konnten ergraben und seit 2012/13 im Sommer durch kongenial von der Landschaftsarchitektin Daniela Süßmann entwickelte Wasserspiele auf deren Grundrissen erlebbar gemacht werden. Als Wasser-Licht-Skulptur könnten sie auch abends und nachts wie die Hubbrücke und der Albinmüller-Turm die Stadt zum Leuchten bringen, wären sie nicht häufig durch Events auf dem Platz abgeschaltet, zugebaut und eingezäunt. Westabschluss und Kirchenschiff einer ergrabenen ottonischen und später romanisch überformten **zweiten Großkirche** parallel zum Dom wurden teilweise in Sandstein hochgemauert, führen jedoch weiter unter das Königspalais und zur Gangolfkapelle am Möllenvogteigarten hin. Ob es sich um die erste Kloster- oder Domkirche handelt, ist nicht geklärt; der als Konche gestaltete Westabschluss dieser Kirche orientierte sich aber auf jeden Fall an dem ottonischen Neubau des Klosters St. Maximin in Trier, wo der erste Abt und die ersten Mönche des Benediktinerklosters St. Mauritius herstammten, und beide wiederum an der Pfalzkapelle Kaiser Karls des Großen in Aachen. Und irgendwo, wahrscheinlich unter dem Bereich von Königspalais und Neuer Möllenvogtei, dessen Vorgängerburg bereits die karolingischen Spitzgräben schützten, wird sich die viel erwähnte und von ihm genutzte **Pfalz Kaiser Ottos** befunden haben.

Grabkapelle Erzbischofs Ernst von Wettin als Gesamtkunstwerk

Wasserspiele über karolingischen Spitzgräben beglücken die Seele

Noch fast 100 Jahre nach der Zerstörung der evangelischen »Stadt Magdeburg – das ist des Herrgotts Kanzlei« (Kaspar Aquila, 1488–1560) im Jahr 1631 sind viele Gebäude in der Innenstadt, auch am Breiten Weg und am Domplatz, Ruinen. Deshalb gewährte der preußische Staat bei privaten Bauvorgaben Steuerfreiheit und organisierte Staatsbauinitiativen. Neben dem Ausbau der Festung wird unter der Gouverneurszeit des Fürsten Leopold die vereinheitlichende Stadtplanung nach der neuesten, barocken Mode vorangetrieben, die vor allem 1718–48 mit dem westfälischen Festungsbaumeister und Generalmajor Gerhard Cornelius von Walrave (1692–1773) verbunden ist. Ab 1729 hat er sogar die Oberleitung aller Festungsbauten in Preußen inne, verbringt jedoch ab 1748 die letzten Lebensjahrzehnte wegen Unterschlagung und Spionage als Häftling in der von ihm selbst geplanten Festung Magdeburg in der Sternschanze. Ab 1953 teilweise wiederaufgebaut und ab 1990 mit neuen Bauakzenten versehen, bildet der Domplatz den spirituellen Nukleus auch der künftigen Stadtentwicklung Magdeburgs.

Die Südseite des Platzes wird ganz vom gotischen Dom eingenommen. An der Ostseite beginnt das Ensemble mit der **Neuen Möllenvogtei** (Domplatz 1), die bis 1810 Amtssitz des weltlichen Verwalters des Stifts für den Erzbischof war und 1744/45 als Wohn- und Amtshaus des Möllenvogtes Peter Schrader errichtet wurde. An der **Alten** Möllenvogtei dahinter, am Abgang zum Möllenvogteigarten, sind wir schon vorbeigekommen. Hier befindet sich auch das »Haus der Romanik«, als Infozentrum für die kulturtouristische Landesroute der »Straße der Romanik«, in der Magdeburg als Kreuzungspunkt der Nord- und Südroute mit dem Dom, dem Kloster Unser Lieben Frauen, der Petrikirche und der Sebastiankirche integriert ist. Der Name beider Häuser und des Amtes leitet sich von der in der Nähe befindlichen und 1432 abgerissenen Elbemühle her. Zwischen Neuer Möllenvogtei und Königspalais wurde um 1730 ein repräsentativer barocker Vorhof mit zwei reichen Portalen gestaltet, der eine herrschaftliche Einfahrt ermöglichte. An der Stelle der 1341 erstmals erwähnten **Erzbischofsresidenz** mit eingebauter Gangolfkapelle errichtete nämlich 1700–02 der Hofstuckateur Giovanni Simonetti (1652–1716) für Kurfürst Friedrich III. von Brandenburg (reg. 1688–1713), ab 1701 König Friedrich I. von Preußen, das **Königspalais** (2–3). Mehrere Aufenthalte der königlichen Familie sind hier im 18. Jahrhundert erfolgt. Gleichzeitig wurde es 1714–1851 als Sitz der Regierung des Herzogtums Magdeburg, als Kriegs- und Domänenkammer sowie als Sitz des Oberpräsidenten der Provinz Sachsen bis zu dessen Umzug in den Neubau am Fürstenwall genutzt. Seit 2005 dient das Gebäude mit der benachbarten Domkurie – nach Zwischennutzung der Staatskanzlei – dem Justizministerium. Die **Domherrenkurie** (Domplatz 4) wurde ursprünglich 1732 vom Geheimen Rat Dr. Christian Knaut nach Entwurf Walraves erbaut. Das mit einem aufwendigen Barockportal mit vier Säulen und vier Hermen ausgestattete Privathaus ging 1753 an den Domherrn Ernst August von dem Busche als Kurie über. Die **Domdechanei** (5) bildet den Schlusspunkt der Bebauung an der Ostseite des Domplatzes zum Kloster Unser Lieben Frauen hin und ist 1728–31 als Domkurie für den Domdechanten als Vorsitzendem des Domkapitels nach Entwurf des Zimmermeisters Burchard auf den Grundmauern eines Vorgängers errichtet worden. Neben dem Amtssitz des Domdechanten (1565–1810) diente das Haus auch der preußischen Königsfamilie als Fluchtort aus Berlin bei Kriegen, weshalb es auch **Fürstenhof** genannt wurde. Deshalb schwärmt die bis heute verehrte preußische Königin Luise (1776–1810) von ihrem Schutzort in den höchsten Tönen: »Wenn man mein Herz öffnete, würde man darin den Namen Magdeburg eingegraben finden.« Neben ihren mehrfachen Aufenthalten in den Jahren 1799–1806 residierten hier auch Kaiser Napoleon und sein Bruder Jerôme als König von Westfalen. Danach beherbergte

Barocke Prachtpaläste fassen den Domplatz ein

das Palais 1830–93 den Oberkommandierenden des IV. preußischen Armeekorps bis zu dessen Umzug in das neue Palais in der Hegelstraße, ab 1893 die Museen, ab 1906 nach Umzug der kulturhistorischen Sammlungen in den Neubau an der Otto-von-Guericke-Straße das Naturkundemuseum und ist nach Zerstörung und behutsamen Um- und Ausbau seit 2014 Hotel – an traditionsreichem Standort und mit historisch-modernem Ambiente.

Die Bebauung der Nordseite des Domplatzes beginnt mit dem **Sterntor**, das 1723 von Walrave am Fort Berge (Sternschanze) in der heutigen Hegelstraße errichtet, 1910 abgetragen, 1920–45 an der Nordwestecke des Domplatzes (Arthur-Ruppin-Straße) wiederaufgebaut, 1953 kriegsbeschädigt wieder abgetragen und ab 2008 an der Nordostecke des Domplatzes nach und nach rekonstruiert wurde. Im Gegensatz zur

Wiederauferstehung des barocken Sudenburger Tors am dritten Standort

historischen Bebauung der Ost- und Südseite wurden die Häuser der Nordseite (6–9) des Domplatzes in Fassaden, Traufhöhen und Mansarden einheitlich gestaltet und dienen seit 1990 dem **Landtag von Sachsen-Anhalt**. Neben dem Sterntor steht das **Weinhändlerhaus** (7), das der Weinhändler Christian Winneberg 1724–28 als privates Wohnhaus errichtete, und das 1724/25 erbaute Mietshaus des Maurermeisters Hans Georg Reinicke (8). Das **Freyhaus** (9) mit seinen zwölf Fensterachsen neben dem Hundertwasserhaus baute Walrave 1723–25 für sich selbst und verwies mit der an der Fassade angebrachten Inschrift auf die auch ihm gewährte Steuerfreiheit.

An der Westseite des Domplatzes, an der sich das Zeughaus (ehem. Nicolaikirche), die Dompropstei und eine Kaserne zum Breiten Weg hin aneinanderreihten, hat kein historisches Gebäude den Krieg überlebt. Nach Abriss von zwei lang gestreckten Plattenbauten entstanden hier in neuartiger Ausdrucksform zwei Gebäudekomplexe, die unterschiedlicher nicht sein können, dadurch jedoch auch spannende Architekturerlebnisse auslösen. An der Ecke zum Landtag erhebt sich die **Grüne Zitadelle** (Hundertwasserhaus), für die der Wiener Künstler Friedensreich Hundertwasser (1928–2000) seit 1996 Ideen entwickelte, 1999 bereits den Namen festlegte und 2000 das Modell lieferte. Das letzte von ihm konzipierte Gebäude entstand 2003–05 um zwei Innenhöfe und mit einer Mischnutzung aus Hotel, Geschäften, Cafés, Wohnungen, Restaurants und Kindergarten. Inmitten und über der einstigen Militärstadt Magdeburg leuchten nun goldene Kugeln, 161 Bäume und 235 Gehölze, Zwiebelfächerhauben und Spiralenbänder – eingetaucht in ein kräftiges Altrosa. Daneben erhebt sich die lang gestreckte, in zwei Baublöcke geteilte kühle, zartblaue Quarzitfassade der **Norddeutschen Landesbank** (Nord/LB). Der 1998–2002 vom Australisch-Münsteraner Architektenehepaar Julia Bolles (geb. 1948) und Peter Wilson (geb. 1950) errichtete Bürokomplex

Landtagsabgeordnete haben es sich barock bequem gemacht ...

... während die Banken modern in die Zukunft schauen

Friedensreich Hundertwassers Grüne Zitadelle ...

... symbolisiert das grüne und zukunftsorientierte Magdeburg

ordnet sich dennoch mit seinen Durchgängen und -sichten, seiner Traufhöhe und seiner lebendigen Dachlandschaft in die barocke und gotische Umgebung des Domes ein. Direkt vor der Westfassade der Bischofskirche, also städtebaulich ziemlich gewagt, erbaute bereits die Weimarer Republik 1920–23 die **Reichsbank** in typisch neoklassizistischem Reichsstil durch den Architekten Philipp Nitze (1873–1946). Innen orientierte sich die lange Schalterhalle jedoch am zeitgenössischen Baugeschehen der »Bunten Stadt Magdeburg« in Gelb, Grün und Blau. Nach unterschiedlichen Übergangsnutzungen zogen 2017 die **Magdeburger Wohnungsbaugesellschaft** (WoBau) sowie 2018 das neue **Dommuseum Ottonianum Magdeburg** (DOM) ein, das mithilfe von Bau- und Archäologiefunden die herausragende Stellung von Dom, Stadt und Erzbistum im Mittelalter erzählt. Wer aus dem Museum wieder auf die Straße tritt, steht vor der gewaltigen Westfassade des Magdeburger Domes und wird schlicht himmelwärts gerissen. Den Blick vor dem Westportal wieder nach unten, tauchen wir in ein großes gepflastertes **Labyrinth** von 15 Metern Durchmesser ein, das Daniela Süßmann 2012 in Anlehnung an dasjenige der französischen Kathedrale in Chartres gestaltet hat und an den nicht geradlinigen Lebensweg eines jeden Menschen erinnert. Zwischen der angrenzenden Danzstraße und dem Breiten Weg entstand nach Abriss von weiteren, nicht in die Stadtstruktur eingebundenen Plattenbauten durch drei Magdeburger Wohnungsbaugesellschaften 2016–21 das neue **Domquartier**, das sich bis kurz vor den Hasselbachplatz erstreckt.

Romanik pur im Brunnenhaus und im Kreuzgang des Klosters Unser Lieben Frauen

VOM DOMPLATZ ZUM ALTEN MARKT

Zurück auf dem Domplatz folgen wir der Regierungsstraße durch das Sterntor, passieren die bronzene Dreiergruppe **Raum, Zeit, Materie** Heinrich Apels (1988) und stehen vor dem Komplex des Kunstmuseums **Klosters Unser Lieber Frauen**, dem ältesten erhaltenen Gebäude der Stadt, das ebenfalls noch zur Domimmunität gehörte. Wie am westlichen Ende mit St. Sebastian so gründete Erzbischof Gero auch an deren nördlichem Ende 1015 ein Kollegiatstift, das er den Augustiner-Chorherren zuwies. Nach romanischem Umbau als dreischiffige Säulenbasilika unter Erzbischof Werner von Steußlingen (reg. 1063–1078) wird das Stift 1129–1632 zweites Gründungskloster des Prämonstratenserordens, den vor 900 Jahren 1121 der nunmehrige Erzbischof Norbert von Xanten (reg. 1126–34) im ostfranzösischen Prémontré gegründet hatte. Im Zuge der Slawenmission wurden von hier aus 16 Tochtergründungen im sächsischen Kernland und östlich der Elbe eingeleitet. In der romanischen Krypta der Marienkirche wurde der heilige Norbert auch beigesetzt, aber 1626 aus dem evangelischen Magdeburg ins Prämonstratenserstift Strahov des katholischen Prag überführt. Seine 2018 wiedereröffnete Gruft blieb erhalten, ebenso die 1220–40 innen mit einer gotischen Verkleidung und Wölbung versehene Stiftskirche sowie der zweistöckige romanische Kreuzgang mit Brunnenhaus und Kapitelsaal. Nach der Klosterauflösung erlebte das Gebäude 1689–1928 als bedeutender Schulstandort »Pädagogium« eine Wiedergeburt, das im 18. Jahrhundert eines der reformerischen Lehrmodelle

Zweites Mutterkloster des Prämonstratenserordens über der Stadtmauer

in Deutschland entwickelte, von der u.a. die Schüler Heinrich Zschokke (1771–1848) und Karl Leberecht Immermann bei ihrer schriftstellerischen Zukunft profitierten.

Nach Kriegszerstörung und Wiederaufbau dient das Kloster seit 1976 als Museum und Ausstellungshalle für zeitgenössische Kunst und die Kirche seit 1977 als Konzerthalle »Georg Philipp Telemann«. Von Beginn an beherbergt das Kloster neben den spätmittelalterlichen und frühneuzeitlichen Magdeburger Skulpturen die »Nationale Sammlung Kleinplastik« und seit 1989 der Plastik der DDR. Neben Sammlung und Sonderausstellungen sind fünf nutzbare neuzeitliche Bronzeportale wieder sinnstiftend für Magdeburg: Gerhard Marcks (1889–1981) mit seiner Ornamenttür (1975/76), Waldemar Grzimek (1918–1984) mit »Gefahren und Kreatur«, Werner Stötzer (1931–2011) mit »Idyllen und Katastrophen« (1966/91), Wieland Förster (geb.

Heinrich Apel begleitet auch das Kloster Unser Lieben Frauen mit seinen Sinngedanken

1930) mit »Freuden und Leiden« (1981/82) und Heinrich Apel am Haupteingang, wo es um die Beziehung von Mann und Frau geht und man beim Herunterdrücken der Türklinke den Hut auf den Kopf des Mannes setzt (1973). Wie an die romanischen Kirchenwände innen gotische Bauornamente plastisch vorgeblendet wurden, so bewegen sich seit 2012 vor den Fenstern der romanischen Klosterfassaden »TransReflex«-Spiegel von »realities:united» (Tim [geb. 1965] und Jan [geb. 1970] Edler), die sich mit der Sonne bewegen, in denen Stadt, Natur und wir uns spiegeln und die sich nachts plan schließen. Dagegen leuchten dann aus den runden Westtürmen Friedenstauben farbig auf uns herab.

Seit den 1980er-Jahren werden auch um das Kloster herum meist bronzene Plastiken aufgestellt, die sich zu einem **Skulpturenpark** entwickelt und – wie wir bereits gesehen haben – über die ganze Stadtlandschaft vermehrt haben. Dazwischen sollten wir uns aber noch Zeit im Café des Museums gönnen, das im ehemaligen Sommerrefektorium des Stiftes seinen Platz gefunden hat und durch Glaswände den Blick in den romanischen Kreuzgang auch beim kulinarischen Genuss ermöglicht. Direkt auf dem äußeren Klosterareal finden wir u. a. die Sitzfigur »Käthe Kollwitz« (1958 Entwurf, 1988 Guss) des Berliner Künstlers Gustav Seitz (1906–1969), das in Anlehnung an ihr Selbstporträt von 1938 entstand, die »Große Neeberger Figur« (1971–74 Entwurf, 1997 Guss) des aus Dresden stammenden Berliner Bildhauers Wieland Förster, ein überlebensgroßer erstarrter weiblicher Akt mit emporgestreckten Armen und verhülltem Kopf, »Stehende Gruppe« und »Ruhende Gruppe« (1979/85) von Sabina Grzimek (geb. 1942), »Telemann und die vier Temperamente« (1981) des Magdeburger Bildhauers Eberhard Roßdeutscher (1921–1980), »Werra und Saale« (1986) von Werner Stötzer, »Lebensgröße Magdeburg« (1995/2001) von Heinz

Moderner Skulpturenpark ums Kloster und in die Stadt hinein

Breloh (1940–2001), »Chrysalis« (2006) des schottischen Dichters und Gartenkünstlers Ian Hamilton Finlay (1925–2006) und »Island of Dolls« (2017) der mexikanisch-amerikanisch-französischen Künstlerin Alicia Paz (geb. 1967). Von Magdeburg in die Welt und zurück reflektieren diese Skulpturen unsere individuellen künstlerischen und gesellschaftlichen Fragen. Viele der über die Stadt verteilten und von der Sammlung des Klosters rückgespiegelten Skulpturen sind »Streit-dich-Drums« zu Form, Herkunft, Inhalt, Material oder Farbe – sie atmen aber alle den jeweiligen Zeitgeist und sind damit Teil unserer gemeinsamen Geschichte.

Gegenüber dem Westeingang der Klosterkirche, dessen Bodenniveau heute wieder das originale mittelalterliche Pflaster zu erkennen gibt, geht es in die Kreuzgangstraße, an dessen Beginn eine im Boden eingelassene Platte die ursprünglich enge Bebauung des Klosterumfelds darstellt, zum Erhard-Hübener-Platz auf der Nordseite der Grünen Zitadelle. Hier tummeln sich wieder drei freiplastische Skulpturen der Kloster-Sammlung: die Betonskulptur »Inborn Power« (1970) des in Berlin geborenen, international verwurzelten Künstlers René Graetz (1908–1974), der mit der abstrakt-biomorphen Formensprache auf den Spuren Henry Moores wandelt, die Stahlplastik »Vertschaupet II« (1979/80) des Schweitzers Schang Hutter (geb. 1934), was so viel wie »niedergetreten« bedeutet und sich in acht stehenden, schwankenden oder niedergefallenen Personen ausdrückt, und die Eisengussplastik »Endzeit« (1983) von dem aus Weimar stammenden Darmstädter Helmut Lander (geb. 1924), die lebensgroße Silhouetten- und Schattenmenschen widerspiegelt.

So sind wir wieder zum **Breiten Weg** zurückgekehrt, der als mittelalterliche Handelsstraße von Nord nach Süd, von Stadtmauer zu Stadtmauer verläuft und wirklich ganz schön lang, gerade und breit ist. Gegenüber mündet die Leiterstraße ein, dessen **Faunbrunnen** wir wiedererblicken, links prangt nun auf der

Innehalten beim Wiederaufbau Magdeburgs nach 1945

einen Seite die moderne Front der Norddeutschen Landesbank mit den bronzenen Figurengruppen **Raub der Sabinerin, Urteil des Paris und Bacchantische Szene** des Hallensers Bernd Göbel (geb. 1942) davor sowie gegenüber die breite historistische Vorderfront der **Reichspost** mit der Erinnerungstafel an das Geburtshaus Steubens, und rechts öffnet sich nach wenigen Schritten der **Bärbogen** mit Inschrift und Relief von Eberhard Roßdeutscher: »Hier begann im Jahre 1951 der Neuaufbau der am 16.1.1945 zerstörten Stadt«. Die erste neue Häuserzeile wurde hier an der Bärstraße, die nach dem Gasthof »Zum Schwarzen Bären« benannt wurde, 1951–53 fertiggestellt. Es war, wie die Inschrift es auch verdeutlicht, kein Wiederaufbau auf historischen Grundrissen oder Straßenmustern oder unter Berücksichtigung ehemaliger Eigentumsverhältnisse, sondern der Versuch einer völligen Neuplanung einer sozialistischen Stadt. Histori-

Ulrichsplatz ist ein Ulrichspark ist eine Grünoase

sche Fotos zeigen denn auch 1950 eine total enttrümmerte und leere Innenstadt, und das, was dann noch der neuen Struktur im Wege stand, wurde in den 1950er- und 1960er-Jahren gesprengt und abgerissen. Dabei war der Breite Weg einmal zwischen Danzstraße (Domplatz) und Krökentor (Universitätsplatz) die längste und eine der schönsten **Barockstraßen** Deutschlands, dessen Bebauung mit Handels- und Bürgerhäusern ebenfalls vom Alten Dessauer Leopold I. befördert worden war. Gegenüber dem Bärbogen haben sich von den vielen nur zwei typische Magdeburger Giebelhäuser des Barock erhalten, deren Gesimse in der Mitte zurückspringen, damit die heute nicht mehr vorhandene Winde die Lasten zum großen Giebelfenster unbeschadet hochziehen konnte. Die beiden rekonstruierten Privathäuser wurden 1727–30 von Johann Kuskopf bzw. Jakob Kord errichtet, während das neobarocke Eckgebäude daneben aus der Zeit um 1900 stammt.

Weiter entlang des Breiten Weges nach Norden durchlaufen wir das zentrale Einkaufszentrum der Stadt. Links befindet sich das **Ulrichshaus**, rechts das **Allee-Center**, die in den 1990er-Jahren auf Parzellen von über 100 Eigentümern errichtet wurden. Um für die Neubebauung in den 1950er-Jahren, die dann gar nicht stattgefunden hat, plane und leere Flächen zu schaffen, wurden auf dem Ulrichsplatz, hinter dem »Ulrichshaus«, der nun als Park mit Springbrunnen, Cafés und Restaurants im Sommer Anziehungspunkt ist, 1956 die Ulrichskirche gesprengt, und an der Goldschmiedebrücke hinter dem »Allee-Center« 1959 die Heilig-Geist-Kirche. Wir erreichen nun die erste und einzige sich noch breiter machende Querachse zum Breiten Weg (ehem. Karl-Marx-Straße) in West-Ost-Richtung, die Ernst-Reuter-Allee (ehem. Wilhelm-Pieck-Allee), die die alten, schmaleren Alte/ Neue Ulrichstraße und Wilhelmstraße ersetzte. Während alle wichtigen Straßenzüge der Innenstadt in nord-südlicher Ausdehnung verlaufen, wurde eine Querachse bereits von Otto von

Stalinbauten im besten Neoklassizismus

Guericke beim Wiederaufbau nach 1631 und von Johannes Göderitz 1930 angedacht, aber erst als monumentale Schneise nach 1945 verwirklicht. Sogar der Vorsitzende des SED-Zentralkomitees Walter Ulbricht (reg. 1949–1971) kam 1953 zur Grundsteinlegung am sogenannte **Zentralen Platz**, des damals neben der Berliner Stalinallee (Frankfurter Allee) aufwendigsten Stadtbauprojekts der DDR. Orientiert an klassizistischen und sowjetischen Vorbildern, die Kritiker gerne »stalinistischen Zuckerbäckerstil« nennen, baute 1953–57 Johannes Kramer (1893–1974) massive monumentale Wohnbauten mit großzügig geschnittenen Wohnungen in »Nationaler Tradition« (»NatiTradi«), die heute noch – vor allem die Dachappartements – sehr gefragt sind.

Dagegen hielt mit der Standardisierung und industriellen Vorfertigung der Plattenbauweise ab den 1960er-Jahren ein brutalistischer Wohnungsbaustil in Ost- wie in Westdeutschland Einzug, der sich in das menschengerechte Stadtbild weniger einfügte und heute eine geringere Nachfrage hervorruft. Prototyp

Neuer Blauer Bock und Ulrichshaus am Ulrichspark

Netzfassade und Stahlskelett prägen das Zentrum gegenüber dem Alten Markt

eines solchen, auch die Stalinarchitektur in Kubatur und Ausrichtung vernachlässigenden Ungetüms war der **Blaue Bock** links an der Ecke Ernst-Reuter-Allee/Breiter Weg. Der 1967 errichtete Bau fand ab 1992 keine Nutzer und Investoren mehr, sodass die Stadtwerke Magdeburg (SWM) nach Abriss hier 2017/21 ihren Firmensitz mit Gewerbestandort nach dem Entwurf der Weimarer Architekten Ulrich Junk und Klaus Reich (beide geb. 1959) errichteten und eine neue Mitte für die wichtige Innenstadtkreuzung schufen. Daneben befindet sich das **Warenhaus Karstadt** (ehem. »Centrum«-Warenhaus), das 1970–73 als zweitgrößtes Kaufhaus der DDR in Stahlskelettbauweise mit vorgehängter Netzfassade gebaut wurde. Wesentliche städtebauliche Komponente der denkmalgeschützten Fassade ist nach dem Umbau des Inneren die Leuchtkraft der Fassade nach außen in verschiedenen Farben bei Dunkelheit.

Elbe, Petriförder und Schleinufer rahmen die Stadtsilhouette von Kirchen und Innenstadt Magdeburgs

VOM ALTEN MARKT ZUM WALLONERBERG

Gegenüber »Karstadt« öffnen sich der Blick und der Weg zum **Alten Markt** und zum Rathaus. Bereits 965 wird das Zentrum der Kaufmannssiedlung erwähnt und von Otto I. Markt-, Münz- und Zollrechte verliehen. International gehandelte Waren aller Art wurden hier in Elbnähe unter den Augen der Obrigkeit angeboten, während sich der Wochenmarkt heute eher bescheiden ausnimmt. Bereits im 13. Jahrhundert entwickelt sich mit dem bischöflichen Neuen Markt eine Konkurrenz, obwohl alle bürgerlichen Innungen und Kaufmannschaften am Alten Markt ihre Häuser hatten, wie heute noch die Industrie- und Handelskammer Magdeburg. Die ursprüngliche Barockbebauung ging 1945 komplett verloren, der 1954/55 von Johannes Kramer (1893–nach 1958) und Max Wiegleb (1903–1982) umgesetzte Wiederaufbau orientierte sich aber hier ganz im Gegensatz zu allen sonstigen Straßenzügen der Innenstadt an der alten Raumstruktur. Die vierschiffige mittelalterliche Lager- und Verkaufshalle der Gerberinnung, die in zwei Bauabschnitten um 1150–1250 errichtet wurde und seit der Trümmeraufschüttung nach 1631 ein Kellergewölbe ist, wurde nach 1945 freigelegt und ab 1970 unter dem Namen **Buttergasse** als gastronomische Einrichtung genutzt. In deren Vorhalle auf heutigem Straßenniveau wurden die kulturgeschichtlich wertvollen **Hauszeichen** von zerstörten Wohnhäusern der Innenstadt, die früher statt Straßenbezeichnung und Hausnummern der Orientierung dienten, aufgestellt.

Wochenmarkt auf dem Alten Markt vor Rathaus und Johanniskirche

Die Ostseite des Alten Marktes beherrscht das **Alte Rathaus**, von dessen 1250 erwähntem Vorgänger, einem der ersten in Deutschland, der Ratskeller erhalten geblieben ist. Nach den Verwüstungen des Dreißigjährigen Krieges wurde wie die Marktplatzbebauung das Rathaus 1691–98 durch Ingenieurhauptmann Heinrich Schmutze (gest. 1704) in italienisch-niederländischer Manier neu errichtet. Im 19. Jahrhundert im Osten erweitert und in den 1920er Jahren durch Bruno Taut farblich im Sinne des »Neuen Bauens« und der »Bunten Stadt« gestaltet, fiel das Rathaus 1945 wieder mit dem ganzen Markt in Trümmer. Die barocke Fassade mit modernen Rückbauten wurde 1965–69 wieder platzbestimmend aufgebaut. Die 1971 eingebaute Bronzetür Heinrich Apels zeigt wie im Daumenkino schlaglichtartig wichtige Personen und Ereignisse der Magdeburger Geschichte: links von oben nach unten Kaiser Otto mit seinen Frauen Editha

Magdeburgs Geschichte im bronzenen Zeitraffer Heinrich Apels

und Adelheid, den Rechtsgelehrten Eike von Repgow, den Schalk Till Eulenspiegel, Doktor Andreas Eisenbarth, den Erfinder Otto von Guericke, den Komponisten Georg Philipp Telemann, die historische Stadtansicht vor 1945, und rechts von unten nach oben den Kommunisten Wilhelm Weitling, den Flugpionier Hans Grade, den Schriftsteller Erich Weinert, den Beginn des Wiederaufbaus nach 1945, eine Alltagsszene, eine Jugendweihe und das DDR-Stadtzentrum 1971. Als Türzieher dienen ein gordischer Knoten sowie eine Maurerkelle aus Bronze. Das 1975 eingebaute Glockenspiel im Dachturm spielt tagsüber mit 47 Glocken für die sich immer wieder erneuernde Stadt Magdeburg zu jeder vollen Stunde auf.

Vor dem Rathaus stehen in geballter Kraft drei mittelalterliche **Rechtszeichen**, die darauf hinweisen, dass einerseits für die Magdeburger Bevölkerung an dieser Stelle Recht gesprochen wurde und andererseits auf das international geltende »Magdeburger Recht«, das 1188 durch Erzbischof Wichmann umfassend reformiert und fixiert wurde. Denn der Magdeburger »Schöppenstuhl« war bis ins 17. Jahrhundert hinein als Revisionsinstanz für viele Städte Mittel-, Nord- und Osteuropas bindend, ähnlich dem heutigen Internationalen Strafgerichtshof in Den Haag. Auf einer hohen Säule wurde als Erstes der **Magdeburger Reiter** (Goldener Reiter) – wahrscheinlich durch die Erzbischöfe – um 1240 aufgestellt: Otto der Große, der auf seinem Pferd mit zwei Begleitfiguren, einer Schild- und einer Lanzenträgerin, frontal dem Rathaus gegenübertritt. Das Original konnten wir schon im Kulturhistorischen Museum aus der Nähe bestaunen; hier haben wir die vergoldete Bronzereplik (1966) von Heinrich Apel am Originalstandort und mit der 1651 als Schutz entstandenen steinernen Barockhaube. Das erste frei stehende Reiterdenkmal seit der Antike und nördlich der Alpen stellt die anderen beiden, ebenfalls nur rekonstruierten Statuen auch aufgrund seiner Höhe als Rechtszeichen in den Schatten.

Magdeburger Reiter als Rechtszeichen auf dem Alten Markt und vor dem Rathaus

Otto der Große in vergoldeter Version

Der **Magdeburger Roland**, 1381 als hölzernes und später als steinernes Standbild nachgewiesen, wurde 1631 zerstört und erst 2005 als steinerne Neuschöpfung der Bildhauerin Martina Seffers nach historischem Vorbild eines Stiches von 1588 wiederaufgerichtet. Links vor dem Rathaus steht der vier Meter hohe karolingische Ritter Roland – oft bürgerschaftlich-selbstbewusstes Rechtszeichen von Hansestätten wie Magdeburg – stehend im Harnisch mit erhobenem Holzschwert in der rechten Hand – ein wirklicher »Colossus Magdeburgensis«. An der rechten Rathausseite erhebt sich seit 2012 die ebenfalls von Martina Seffers aus Niederndodeleben konzipierte **Hirschskulptur** auf ihrem Sockel, die die Verheißung des Paradieses und des ewigen Lebens symbolisieren soll und als Original ebenfalls 1631 untergegangen ist.

Zwei Brunnen seitlich des Rathauses ergänzen den Skulpturenschmuck des Platzensembles. An der Nordseite befindet sich der Otto-von-**Guericke-Brunnen** mit dem Bronzedenkmal

Neben dem Magdeburger Reiter sind der Roland ...

... und der Hirsch Symbole des Magdeburger Rechts

Otto von Guericke als Bürgermeister und Erfinder

des sitzenden Bürgermeisters, Diplomaten, Naturforschers und Physikers, das 1907 von Carl Echtermeyer geschaffen wurde und jährlich Treffpunkt der frisch gebackenen Doktoren der Otto-von-Guericke-Universität ist. Zwei Bronzetafeln zieren den Sockel und erläutern Guerickes Bedeutung: Einerseits verdeutlicht die Ansicht Magdeburgs während des Dreißigjährigen Krieges Guerickes Leistung bei Wiederaufbau (Stadtplanung und Umsetzung) und Wiedererlangung städtischer Bedeutung (Diplomatische Missionen), weshalb er selbst als Evangelischer vom Kaiser 1666 geadelt wurde. Zweitens wird auf seine naturwissenschaftlichen Leistungen hingewiesen, vor allem seinem Nachweis der Kraft des Vakuums in zwei Halbkugeln, die selbst acht Pferde auf jeder Seite nicht auseinanderzuziehen vermögen. Die Otto-von-Guericke-Gesellschaft beweist die Richtigkeit dieser Vakuumkräfte zu verschiedenen Anlässen mit einer realen Nachstellung stets aufs Neue. Auch für die Perspektive Magdeburgs insgesamt hat das Vakuum, auf das die Stadt nach

Eulenspiegel hält den Magdeburgern immerwährend den Spiegel vor

Älteste und zentrale Bürgerkirche St. Johannis hinter dem Rathaus

1631 und 1945 zurückgeworfen wurde, hohe Symbolkraft: Wie viel Energie aus einer aussichtslosen Lage freigesetzt werden kann, erzählt auch die Magdeburger Innenstadt. Wem das alles zu philosophisch ist, der entspanne sich nach dem Kauf von Schokoladen-Halbkugeln und genieße. Der **Eulenspiegelbrunnen**, den Heinrich Apel 1970 für die Westseite des Marktes schuf, zeigt dagegen spielerisch den Schalk auf einer Muschelkalksäule stehend, wie er nach der Überlieferung die auf ihn hereingefallenen und zusammengelaufenen Magdeburger Bürger, die glaubten, dass er vom Rathaus fliegen würde, verspottet als »schier die ganze Stadt voller Toren«.

An Apels Skulptur der »Fünf Sinne« (1972) vorbei überqueren wir die Jakobstraße und stehen vor der zweitürmigen Fassade von **St. Johannis**, der ältesten und mit dem Alten Markt in Einheit zu sehenden Stadtpfarrkirche. Im Gegensatz zur Königs- und Bischofsstadt mit Dom und Domplatz (Neuer Markt) ist sie mit Bürgern und Kaufleuten als »Ecclesia Mercatorum« (1015) verbunden. Fünf Mal wurde die dem heiligen Johannes dem Evangelisten geweihte Kirche durch Brand und Krieg zerstört (1188, 1207, 1451, 1631, 1945) und durch Bürgerwillen wiederaufgebaut. Nach der ersten ottonischen Kirche von 936–41 entstand ab 1131 ein romanischer Bau, der im 13. Jahrhundert gotisiert und ab 1669 mit einer erhaltenen Gruft der großen Magdeburger Patrizier-Familien wiederhergestellt wurde. Als Ruine inmitten der nicht mehr existierenden eng bebauten Innenstadt mahnte sie uns 1945–1998 vor den Schrecken der Kriege 1618–48 und 1939–45. Die Sitzfigur der **Trauernden**, Zweitguss vom Luther-Denkmal in Worms des Bildhauers Adolf von Donndorf (1835–1916), sowie die Skulpturen **Trümmerfrau** und **Mutter mit Kind** (1982) von Apel hocken vor dessen Bronzeportal und wollen uns für die Zukunft weiser machen: »Wer aber aus der Vergangenheit nichts gelernt hat und weiter Hass und Zwietracht sät, den klagen wir an«! Durch Bürgerwillen

Schreiende und anklagende Mutter mit Kind als Mahnung an Ewiggestrige

Martin Luther im permanentem Predigtmodus vor St. Johannis

entstand die Johanniskirche mit Türmen und Glocken 1998/99 wieder neu als Veranstaltungshalle, wobei sie 2014–20 – ebenfalls durch Stifterengagement – als künstlerischen Raumausdruck dreizehn neue Glasfenster in Chor und Südschiff vom Künstler Max Uhlig (geb. 1937) erhielt. Vor der Kirche erhebt sich seit 1886 das **Lutherdenkmal** von Emil Hundrieser. Es erinnert daran, dass Luther erstens 1497 seine Schulausbildung in der Stadt abschloss und zweitens nach dem Thesenanschlag 1517 in Wittenberg, mit dem er vor allem auf den Ablasshandel in Magdeburg reagierte, mit seiner Predigt 1524 in St. Johannis der Reformation in der Stadt zum Durchbruch verhalf.

Rechts an St. Johannis vorbei sieht man die 1275 erstmals eingestürzte und 1965 neu ausgerichtete **Strombrücke** zur Stadtinsel Großer Werder, dann über die 1879–82 entstandene Zollbrücke mit Figuren Emil Hundriesers und die Anna-Ebert-Brücke über die Alte Elbe in Richtung Berlin. Hundriesers wieder aufgestellte Skulpturen symbolisieren den Reichtum der Stadt, der auf **Landwirtschaft, Schifffahrt, Industrie und Handel** beruhte. Ab 2020 entsteht daneben eine neue Entlastungsbrücke mit einem hohen Pylonpfeiler, um dem wachsenden Verkehr nach Ostelbien und dem dortigen Sportzentrum Magdeburgs mit MDCC-Stadion und GETEC-Arena (ehem. Bördelandhalle) gerecht zu werden. Man kann sich kaum vorstellen, dass die freie und luftige Stadtlandschaft um Rathaus und Johanniskirche herum vor 1945 die engste und labyrinthartigste Bebauung besaß, am Abhang des Johannisberges als **Knattergebirge** bekannt, und die Häuser über die **Schleinufer**-Schnellfahrtrasse bis zur Elbe reichten und 25.000 Menschen Heimat bot. Wir bleiben jedoch auf dem hochwassersicheren Hochufer des Johannisberges und gehen am Kirchenchor und dem alten **Johannisfriedhof** vorbei oberhalb der **Stadtmauer** über dem Knochenhauerufer mit dem Blick über die Elbe. Über die geschwungene Fußgängerbrücke überqueren wir dann das Schleinufer und gelangen wieder an das

Strandbar am Petriförder mit entspanntem Blick über die Stromelbe

ab 1970 als Grünzone mit Fußgänger- und Radweg gestaltete Ufer, den **Petriförder**. Hier flanieren wir vorbei am »Fährmann«, einer Gruppe mit fünf Reliefs und einer Skulpturenstele Eberhard Roßdeutschers, an der Anlegestelle der Ausflugsschiffe der »Weißen Flotte«, an einem Elbrestaurant sowie an dem 2000 übergebenen Nachbau einer historischer **Schiffsmühle**, die das Stadtbild an der Elbe bis ins 19. Jahrhundert bestimmten und deren erste bereits 1279 in diesem Elbabschnitt erwähnt wurde.

Am Ende unseres entspannten Elbspaziergangs gelangen wir zum **Lukashügel**, von dem wir einen Blick auf die nächste Elbquerung erhalten, den 1903, wieder 1947–52 und 1994–98 erbauten Nordbrückenzug bestehend aus **Jerusalem- und Friedensbrücke** (ehem. Königs-, Hindenburg-, Wilhelm-Pieck-Brücke) über Strom- und Alte Elbe, an deren Ende die 25 Meter hohe abstrakte Stahlskulptur **Für Daphne** (1998/2001) des niederländischen Künstlers Auke de Vries (geb. 1937) zur Stadt hinüberwinkt. Dort ist auch der Übergang zum **Elbauenpark** (200 ha), der als jüngster Stadtpark als Ausfluss der Bundesgartenschau 1999 aus der Umwandlung von Militärbrachen und sie umgebenden Kasernenanlagen entstand. Neben der großen Open-Air-**Seebühne** prägt diesen Garten und die Stadt der 60 Meter hohe schiefe Kegel des **Jahrtausendturms**, in dem man auf sechs Etagenrampen die technische Geschichte der Menschheit erfahren kann (Science-Center) und der eines der größten Holzgebäude Deutschlands ist. Elbabwärts schließt sich dann der **Herrenkrugpark** (64 ha) mit Hotel-Restaurant und Pferderennbahn (1877) an, in dem schon 1818–30 Peter Joseph Lenné wirkte. Neben verschiedensten Freizeit- und Sportmöglichkeiten im Elbumfeld bietet dem hyperaktiven Menschen des 21. Jahrhunderts die Inschrift einer 200 Jahre alten Bank im Herrenkrugpark auch ein anderes Motto für die nächste Zukunft an: »Für Faule«.

Die **Lukasklause** am gleichnamigen Hügel bildet den nordöstlichen Abschluss der mittelalterlichen (Welscher Turm) und

Angestrengter Fährmann symbolisiert die Schiffahrt auf der Elbe

Stadt der Skulpturen aus vielen Perspektiven

Preußische Kanone zur Verteidigung der preußischen Festung

Lukasklause als Bastion auch für Künstler und Guericke

Rest von Stadtmauern und Befestigungen in vielen Varianten

barocken (Neues Werk, später Bastion Preußen) **Befestigungsanlage**, an die der Nachbau einer Lafetten-Kanone des 17. Jahrhunderts erinnert. An dieser Stelle sollen die kaiserlichen Soldaten 1631 eingedrungen sein, was den zeitweiligen Untergang der reichen Stadt bedeutete. Hier finden sich auch die Reste des nördlichen, des Wittenberger Eisenbahntores (1848–51) für die Ausfahrt der Strecke Magdeburg–Wittenberg – analog zum südlichen Eisenbahntor an der Kaiserrampe. Das Zentrum der schon 1279 erwähnten Anlage bildet der spätgotische achteckige Lukasturm (urspr. Welscher Turm), den 1900–03 der Maler Adolf Rettelbusch (1858–1934) im mittelalterlich-historisierenden Stil zur Lukasklause der Künstlervereinigung St. Lukas, die 1892 gegründet und 1938 verboten wurde, um- und ausbaute. Seit 1983 findet sich hier das Otto-von-Guericke-Museum und -Zentrum, das 2008–10 einen modernen, etwas gewöhnungsbedürftigen Anbau erhalten hat und Leben wie Experimente des Physikers erfahrbar macht.

FÜR
UND KUNS

Forum Gestaltung mit dem Ziel,
wieder Zentrum für Kreativität und Kunst zu sein

VOM WALLONERBERG ZUM HAUPTBAHNHOF

Von der Lukasklause gehen wir wieder ein Stück am Elbufer zurück und wenden uns dem westlichen Hochufer mit der **mittelalterlichen Stadtmauer** und den drei darauf befindlichen historischen Kirchengebäuden zu. So ungefähr müssen wir uns die gesamte Stadtansicht Magdeburgs von der Elbe vor 1631 und vor 1945 vorstellen, wenn die dichte Bebauung unterhalb der Stadtmauer bis an die Elbe heran, hier **Fischerufer** genannt, erhalten geblieben wäre. In Höhe des Schiffsanlegers überqueren wir das vierspurige Schleinufer und steigen den hochwassergeschützten **Wallonerberg** hinan. Hier wie im Remtergang haben wir das Gefühl und die Wirklichkeit einer historisch gewachsenen und erhaltenen Stadtstruktur mit enger, gewundener und gepflasterter Wegeführung. Oben angekommen, biegen wir links in die Neustädter Straße ein und stehen vor der **Wallonerkirche** (ehem. Augustinerkirche), die nach Zerstörung der Franziskaner – und der Dominikaner – die einzige erhaltene Bettelordenskirche der Stadt ist. Der Magdeburger Ritter Werner Feuerhake gründete 1285 hier ein **Augustinerkloster**, wo auch Martin Luther als Augustinermönch 1516 und 1524 nächtigte. Nach Auflösung 1524 wurde das Kloster als Schule und Armenhospital genutzt und 1694 an die reformierten Glaubensflüchtlinge der französischen Wallonen überwiesen, die der Kirche den neuen Namen gegeben haben und sie mit der evangelischen Gemeinde gemeinsam bis heute nutzen. Die hochgotische querschifflose Halle mit seitlichem schmalem Treppentürmchen ist typisch für Augustinerkirchen, wie man

Schießscharten zum Schutz des Wallonerberges

Augustiner- und Wallonerkirche in einer Altstadtinsel

St. Petri überragte einst die Fischersiedlung und künftig die ökumenischen Höfe

Albertus Magnus Visionen für Magdeburg

auch an Luthers Heimatkloster in Erfurt oder seinem Wohnkloster in Wittenberg sieht. Die ab 1967 wieder errichtete Kirche erhielt zeitgleich einen modernen Pfarr- und Gemeindehausanbau um ein Atrium sowie 2014–15 ein zweistöckiges gläsernes, frei stehendes und mehrfach ausgezeichnetes Gemeindehaus innerhalb des Kirchenschiffs durch Ulrike Tietze, Steinblock Architekten.

Wie es das Patrozinium des heiligen Petrus, der als Fischer von Christus zu Höherem berufen wurde, bereits verdeutlicht, war die Nachbarkirche die Pfarrkirche der Magdeburger Fischersiedlung, was uns schon der Elbbereich Petriförder zu verstehen gegeben hat. Heute dient **St. Petri** der katholischen Pfarr- und Universitätsgemeinde und wird von Prämonstratenser-Chorherren betreut. Dem um 1150 errichteten massiven Westturm schließt sich eine spätgotische Hallenkirche an, der 1480 südlich, zum ehemaligen Friedhof hin, ein Backsteinvorbau mit Portal und Marienkapelle angefügt wurde. Der bis 1972

Magdalenenkapelle als dritte Kirche am Wallonerberg

Barockes Katharinenportal mit Katharinenturm und Katharinenskulptur

rekonstruierten Kirche wurden 1970–72 Fenster des Künstlers Charles Crodel (1894–1973) und eine liturgische Ausstattung des Chores von Heinrich Apel eingefügt, der auch die Bronzeskulptur des denkenden und schreibenden heiligen Kirchenlehrers Albertus Magnus vor dem ebenfalls von ihm stammenden Kirchenportal geschaffen hat. Die benachbarte kleine gotische **Magdalenenkapelle** wurde um 1315 als Sühnekapelle gebaut, war in Besitz des Pauliner-, seit 1385 des Magdalenenklosters und wird seit 1991 von St. Petri aus mitbetreut.

Über einen leider nicht so gut beschilderten Weg biegen wir nach Überquerung der Jakob- in die Peterstraße ein und erreichen über die Margarethenstraße durch das barocke Katharinenportal wieder den Breiten Weg. Das 2016 rekonstruierte Portal in nicht so weiter Entfernung zur Universität, dessen Spitze die heilige Katharina von Alexandrien, die Schutzheilige der Wissenschaft und des Magdeburger Domes, trägt, ist neben dem Bronzemodell der letzte Rest, der an die **Katharinenkirche** erinnert. Diese – nicht so stark geschädigt und schon wieder kirchlich genutzt – wurde 1964–66 gesprengt, um dem 1969/70 darauf gebauten Vielgeschosser »Haus der Lehrer« Platz zu machen. Christliche »Türme können wir in der sozialistischen Stadt nicht gebrauchen«, fasste SED-Chef Ulbricht zusammen. Der umfassende Umbau 2011–14 durch die Magdeburger Wohnungsbaugesellschaft als **Katharinenturm** hat der Stadt wieder eine zukunftsweisende architektonische Note sowie einen nächtlich leuchtenden Baukörper beschert, der zum Besuch des Nordabschnitts des Breiten Weges animiert. Ansonsten suchen wir nach architektonischen Besonderheiten oder Geborgenheitsorten hier vergebens. Unter dem Motto »Wir machen den Breiten Weg noch breiter« wurde die 70 Meter breite Schneise aus einem Guss und nach einem Muster aus achtstöckigem Plattenbauten mit vorgelagerten Ladengeschäften 1962–70 als zugige sozialistische Muster- und erste **Fußgängerzone** der DDR angelegt. An ihrem nördlichen Ende erkennen wir den Universitätsplatz (ehem. Kaiser-Wilhelm-Platz) mit dem **Opernhaus**, wo ehemals die nördlichen Festungsanlagen die Stadt beschränkten. Nachdem 1794 das erste feste Schauspielhaus am Breiten Weg und 1876 das Stadttheater in Bahnhofsnähe eröffnet waren, die beide nicht mehr erhalten sind, wurde 1905–07 hier das Zentraltheater erbaut, das 1950 als erster Theaterbau der DDR wiedereröffnete und nach Brand 1990 und Sanierung 1997 als »Großes Haus« Magdeburgs für Oper und Theater dient. In diesen Komplex sind seit 2000 auch die **Stadtbibliothek**, die das 1929 nach Plänen des Schweizer Architekten Sepp Kaiser (1872–1936) als Textilkaufhaus »Brenninkmeyer« errichtete, aber kaum mehr als Relikt des »Neuen Bauens« erkennbare Gebäude nutzt, und das **Konservatorium** »Georg Philipp Telemann«, dessen 1998–2000 errichteter Rundbau der Kultur kraftvoll in den Straßenraum Platz schafft, integriert.

Wir richten den Schritt jedoch nicht zu dieser »Kulturinsel«, sondern folgen dem Breiten Weg in südlicher Richtung bis zur Julius-Bremer-Straße. Auf der linken Seite erhebt sich das 1994 eröffnete Hotel **Ratswaage** (ehem. Gewerkschaftshaus, »Haus der deutschen Arbeit«), dessen Kernsubstanz, die der Taut-Vertraute Carl Krayl (1890–1947) im Stil des »Neuen Bauens« noch 1932/33 geschaffen hat, nach den Sanierungen der 1960er-, 1980er- und 1990er-Jahre nur noch zu erahnen ist. Auf dem **Ratswaageplatz** davor, der an die Stelle der für den Handel in Mittelalter und Neuzeit wichtigen städtische Waage erinnert, steht die 2001/02 geschaffene sieben Meter hohe Bronzeplastik **Halbkugelversuch** des rheinischen Künstlers Thomas Virnich (geb. 1957). Otto von Guericke soll diesen Nachweis des Vakuums auch 1654 auf dem Reichstag von Regensburg mit 16 Pferden vorgeführt haben. Hier versuchen symbolisch zwei Bronzepferde mit zwei Reitern, die als Selbstporträts des Künstlers ausgeführt sind, eine vollplastische Kugel auseinanderzuziehen.

Magdeburgs Opernhaus an Universitätsplatz und Breitem Weg

Guerickes Halbkugelversuch in Halbplastik vor dem Warenhaus am Breiten Weg

Dabei sind Ross und Reiter zur Universität hin klassisch durchgeformt, zur Innenstadt hin analytisch offen, hohl und mit Gussverstrebungen bestückt. Auf der anderen Seite des Breiten Weges steht seit 1988 das vom Magdeburger Metallbildhauer Josef Bzdok (1931–2009) gestaltete **Mahnmal** für die 1851 gebaute und 1938 gebrandschatzte **Alte Synagoge** für eine der größten und ältesten jüdischen Gemeinden Mitteldeutschlands, deren Neubau in der Nähe erfolgen wird.

Wir folgen der Julius-Brehmer- in Richtung Otto-von-Guericke-Straße und gehen am »Karstadt«-Gebäude linker Hand und am 2017–21 entstandenen **Altstadtquartier** (ehem. Städtisches Krankenhaus) rechter Hand vorbei, das aus einer Mischung von Neu- und Altbauten mit Ärztehaus, Hotel und Wohnen besteht. An der Kreuzung zur Otto-von-Guericke-Straße leuchteten uns 546 runde, rote und blaue, auf der Rückseite metallisch-blankweiße Leichtmetallfächer entgegen, die in bestimmten Winkeln zueinander gedreht waren. Der spielerisch leichte Fassadenvorhang des aus Leipzig stammenden Giebichensteiner Künstlers und Designers Ludwig Erler (1939–2014) belebte seit 1995 die nüchterne, 160 Meter lange Backsteinfassade des als Oberfinanzdirektion errichteten Bürogebäudes. Verwaltungs- und rechtstechnokratische Ignoranz hat das Kunstwerk von der Fassade einfach absägen lassen – so einfach und deutlich erkennt man, warum Magdeburg nicht Kulturhauptstadt Europas werden konnte. Aber es ist wie immer niemand zuständig und der »Vorgang« (vorübergehend) abgeschlossen. Daran nördlich anschließend wird das **Luisencarré** 2018–22 durch Wolfgang Sattler (geb. 1973) und Iven Täger (geb. 1974) für die Magdeburger Wohnungsgenossenschaft (MWG) erbaut. Dessen kubistisch-expressionistischer Luisenturm, der über die gerade Achse der Otto-von-Guericke-Straße bis zum Hasselbachplatz hin sichtbar ist, wird eine neue nördliche Innenstadtbegrenzung anzeigen. Durch all diese städtebaulich strategischen Neubau-

Magdeburgs klassische Moderne ragt überall hervor

vorhaben erhält Magdeburg eine urbane Vielfalt und eine vitale Durchmischung, die die Stadt in früheren Zeiten in ihrer räumlichen Beschränkung gar nicht kannte und die die Bewohner erst langsam wieder erlernen und erfahren.

Nach Straßenüberquerung biegen wir links in die Otto-von-Guericke-Straße ein und gehen zunächst an der Verwaltungsbehörde des **Landesamtes für Umweltschutz** (ehem. Institut für Lehrmeisterausbildung) vorbei, das in neoklassizistischen Formen 1955–58 von Gustav Hartwig (1908–1991) und Walter Feldmann (1909–1970) gebaut wurde. Dann folgt das DGB-**Gewerkschaftshaus** (ehem. Vereinshaus des Deutschnationalen Handlungsgehilfen-Verbandes), das 1931/32 nach Entwurf von Ludwig Thiele (1885–1972) im Stil des »Neuen Bauens« errichtet wurde. Dann folgen wir rechts der fußläufig zu erreichenden Schweriner Straße und sehen schon am Ende das **Forum Gestaltung** (ehem. Kunstgewerbe- und Handwerkerschule) in der Brandenburger Straße vor uns. Die lang gestreckte aufgelo-

Otto von Guerickes Straße verbindet den Luisenturm mit dem Hasselbachplatz

Kunst, Kultur, Kreativität haben in Magdeburg viel zu stemmen

ckerte Gebäudefront entstand im linken Teil 1874/75 im historistischen und im rechten Teil 1908–10 als Erweiterungsbau im neoklassizistischen Stil, obwohl die Institution bereits 1793 als Kunstschule gegründet und unter wechselnden Namen 1963 geschlossen wurde. Die Büsten des Architekten Erwin von Steinbach, des Malers Albrecht Dürer, des Bildhauers Peter Vischer sowie des Allrounders Karl Friedrich Schinkel wachen über den beiden Gebäudeteilen und mahnen die Magdeburger zu hohem Qualitätsanspruch in Kunst, Kultur und Architektur. Vor dem Verbindungstrakt, hinter dem sich die Ausstellungsräume auftun, sticht ein mächtiges, von zwei angestrengten Karyatiden getragenes Portal heraus, in dessen Giebel das Motto »Für Kunst und Kunsthandwerk« prangt.

Der Anspruch war also hoch und konnte vor allem in der Blütezeit der damaligen Kunstgewerbe- und Handwerkerschule zwischen 1897 und 1933 national wie international erfüllt werden. Unter der Leitung von Emil Thormählen, der 1897–1910 die Schule parallel zum Deutschen Werkbund zu einer Musteranstalt für Formgestaltung machte, Rudolf Bosselt, der 1911–24 das Schwergewicht auf Material und Funktion legte, und Wilhelm Deffke, der 1925–33 Marketing und Design als einer der ersten ins Zentrum rückte, wurden bedeutende und international renommierte Lehrer wie Ferdinand Nigg (1865–1949), Albin Müller, Julius Klinger (1876–1942), Walter Dexel (1890–1973), Johannes Mohlzahn (1892–1965) und Hermann Eidenbenz (1902–1993) an die Schule und in die Elbestadt gezogen. Außerdem entstanden damals neuartige Kooperationen wie zum ebenfalls innovativen Volbehr ins Kunstmuseum, der bereits 1916 eine Expressionismus-Ausstellung in die Stadt holte, und zum die Stadt aufwirbelnden Stadtbauamt von Taut und Göderitz. Gerade mit Deffke, der wie Walter Gropius, Mies van der Rohe oder Le Corbusier 1908–12 bei Peter Behrens arbeitete, wird die »Stadt des Neuen Bauwillens« auch zur »Stadt des Neuen Marketings«, wo – internationales Neuland – Inhalte, Industrie, Identität und Grafik erstmalig zu einer Corporate Identity zusammenflossen. An diesen Qualitäten lässt sich orientieren, um die Zukunft zu gestalten. Wenn die Modernisierung der Gleisanlagen und der Bau des Stadttunnels für die Ernst-Reuter-Allee 2015–22 abgeschlossen sein werden, können wir frohen Schrittes den **Hauptbahnhof** als Ausgangspunkt unserer Stadtwanderung über die Brandenburger Straße mit einem direkten fußläufigen Übergang erreichen und voll spannender und bleibender Eindrücke Magdeburgs Mitte wieder verlassen.

Hauptbahnhof als Ankunfts- und Abfahrtstor

Pferdetor und Lichtstelen als Symbole des Magdeburger Gestaltungswillens

NACHBEMERKUNG

Die 1631 und 1945 niedergerungene Stadt hat, wie wir gesehen und gespürt haben, wieder und wieder den Willen zu Wiederanfang und Neuorientierung entwickelt. Und dabei haben Sesshafte wie Zugezogene gleichermaßen aufs Neue Innovatives und Zukunftsorientiertes entwickelt. Der wellenartige teilweise Bevölkerungsaustausch in Magdeburg bedeutete eine hochanstrengende und lange andauernde Integrationsarbeit – ob bei den pfälzisch sprechenden Hugenotten und den französisch sprechenden Protestanten im 17., den polnisch und thüringisch sprechenden Arbeitern im 19., den schlesischen und ostpreußischen Flüchtlingen im 20. oder den Westdeutschen und Außereuropäern im 21. Jahrhundert. Mit Integration und Innovation musste sich die Festungsgefangene und Schockgebremste stets selbst befreien. Dies wurde für Magdeburg aber auch jedes Mal zur Zukunft, denn die Geschichte zeigt, dass stets auf sich selbst ausgerichtete Gesellschaften nur für kurze Zeit schöpferisch und erfolgreich gewesen sind. Das scheinbar kleine, hässliche, unbedeutende Entlein Magdeburg versteckt sich gerne wie Europa vor der über uns hereingebrochenen Globalisierung. Aber nur in der europäischen Provinz spielte sich die internationale Geschichte ganzer Jahrhunderte ab. Und nur aus der europäischen Provinz heraus kann internationale Verantwortung für die Zukunft übernommen und gestaltet werden – gerade vor der Folie von Großmannssucht und Nationalegoismus.

In gesellschaftlich und wirtschaftlich viel schwierigerer Zeit titelte die »Magdeburger Volksstimme« 1925, was uns heute für die Stadt und Europa mehr Mut machen sollte: »Vom Magdeburg der Zukunft – Nicht zagen, sondern wagen.« Magdeburg ist klein genug, um sich nicht für die Welt zu halten, und doch groß genug, um in seiner Stadt und seiner Landschaft Heimat für die Menschen der Nachmoderne zu sein. Die Liebe der Magdeburger Bürger zu ihrer oft mit Füßen getretenen Tradition und ihren rudimentär erhaltenen Kulturstätten öffnet uns spielerisch glokalisierte Lebenswelten. Dieser neue Stolz der Magdeburger, Gebliebene wie Zugewanderte, auf ihre Stadt spiegelt sich auch im »Machdeburjer Lied«, um 1960 entstanden und um 1990 – nicht nur in den Sportarenen des FCM (Fußball) und SCM (Handball) – neu entdeckt, wieder: »Denn wir sind, wir sind, ein Magdeburger Kind.« Dieser Funke springt vielleicht bei dem ein oder anderen Besucher über, der mit uns die Schönheiten der mehrfach gebeutelten Stadt erspürt hat, sodass er gerne wiederkommt und mit den Einheimischen gemeinsam weitersingt: »Is denn die Elbe immer noch dieselbe? Fracht sich der Dom un wundert sich.«

MAGDEBURGS STADTGESCHICHTE – EIN ZEITSTRAHL ALS ÜBERBLICK

805 Erste Erwähnung »Magadoburgs« im Diedenhofener Kapitular des fränkischen Kaisers Karl I. des Großen (reg. 768–814) – Magdeburg ist sächsisch-slawischer **Grenz- und Handelsplatz** über dem Hochufer und an der Furt der Elbe

930 Otto I. (912973) aus dem Geschlecht der Ludowinger schenkt als designierter Herzog von Sachsen die Siedlung seiner ersten Frau Editha (910–946) als Morgengabe bei der Hochzeit – Magdeburg ist **Königspfalz**

937 Zum deutschen König 936 in Aachen gekrönt, gründet Otto I. das Benediktinerkloster St. Mauritius als Familienkloster und besiedelt es mit Mönchen aus St. Maximin in Trier

946 Königin Editha (910–946), Königstochter aus dem englischen Wessex, wird in der Mauritiuskirche bestattet, während die zweite Ehefrau Ottos, die heilige Kaiserin Adelheid (931–999), Königstochter aus Burgund und Königin von Italien, in ihrem elsässischen Kloster Selz am Rhein beigesetzt wird

962 Otto I. wird in Rom zum ersten Kaiser des späteren Heiligen Römischen Reiches Deutscher Nation (962–1806) gekrönt – Magdeburg ist **Kaiserstadt**

965 Erste Erwähnung des Alten Marktes als Marktstätte, 975 mit Zollfreiheit für den Warenhandel im ganzen Reich und 1035 mit internationaler Messe – Magdeburg ist **Handelsstadt**

968–1680 Erhebung zum Erzbistum (»Theutonum Nova Metropolis«) gegen den Widerstand des Erzbistums Mainz und des Bistums Halberstadt mit den Suffraganbistümern

Havelberg, Brandenburg, Merseburg und Zeitz (Naumburg) auf der Synode im italienischen Ravenna – Magdeburg ist **Bistumsstadt**

968–1524 Bestehen der alten erzbischöflichen Domschule des Gelehrten Othrich (gest. 981) – Magdeburg ist **Bildungsstadt**

973 Kaiser Otto I. der Große wird nach seinem Tod in Memleben vom ersten Erzbischof Adalbert (reg. 968–981) im Dom bestattet

1024 Mit dem Tod des heiligen Kaisers Heinrich II. (reg. 1002–1024) geht das deutsche Königtum von den Ludowingern an die rheinischen Salier und die Macht im ostsächsischen Magdeburg an die Erzbischöfe über

1188 Erzbischof Wichmann von Seeburg (reg. 1152–1192) reformiert das Magdeburger Recht, das zur Grundlage der mittel- und osteuropäischen Rechtsprechung der Städte wird – Magdeburg wird mit seinem »Schöppenstuhl« regionale und internationale **Gerichtsstadt**

1294 Erzbischof Erich von Brandenburg (reg. 1283–1295) muss dem Rat städtische Hoheitsrechte übergeben – Magdeburg wird **Bürgerstadt**

1295–1666 Mitgliedschaft im deutschen und nordeuropäischen Handelsverbund der Hanse, wo Magdeburg wegen seines Getreidestapelrechts »Brothaus der Hanse« genannt wird – Magdeburg ist **Hansestadt**

1330–1630 Neue Ratsverfassung nach innerstädtischen Kämpfen gegen die Patrizier

1503–1714 Verlegung der Residenz und Verwaltung des Erzbistums durch Erzbischof Ernst von Wettin (reg. 1476–1513) nach Halle

1524 Nach dem Predigen Martin Luthers (1483–1546) in der Bürgerkirche St. Johannis setzt sich die evangelische Konfession in der Stadt gegen Erzbischof Albrecht von Brandenburg (reg. 1513–1545) durch

1524 Gründung des Altstädtischen Gymnasiums, 1525 Gründung einer der ersten Stadtbibliotheken Deutschlands und 1528 erste Blüte der Buchdruckerkunst durch die Niederlassung Michael Lotters (um 1499–nach 1556) – Magdeburg ist **Bildungs- und Buchstadt**

1531–1562 Vorkämpfer für die neue Konfession als »Unseres Herrgotts Kanzlei« gegen religiöse, politische und kriegerische Widerstände – Magdeburg ist mit 50.000 Einwohnern einflussreichste **Reformationsstadt**

1547–1562 Reichsacht durch die katholischen Kaiser Karl V. (reg. 1519–1556) und Ferdinand II. (reg. 1556–1564)

1631 Zerstörung und Entvölkerung der blühenden Handelsstadt durch kaiserliche Truppen unter General Johann T'Serclaes von Tilly (1559–1632) im Dreißigjährigen Krieg (1618–1648) – Magdeburg hat noch 450 Einwohner und ist **Trümmerstadt**

1646–1676 Bürgermeister des Wiederaufbaus, der Diplomatie und der Wissenschaft Otto von Guericke (1602–1686)

1648–1945 Stadt wie säkularisiertes Erzbistum als späteres Herzogtum (1680) fallen unter Friedrich Wilhelm von Brandenburg, den Großen Kurfürsten (reg. 1640–1688) an das Kurfürstentum Brandenburg (1701 Königreich Preußen) – Magdeburg wird **Provinzstadt**

1680–1912 Ausbau zur stärksten Festung Brandenburg-Preußens – Magdeburg ist **Festungsstadt**

1689 Großangelegte Ansiedlung von 1.000 Pfälzer Reformierten und 1.500 französischen Wallonen aufgrund des Toleranzedikts von Potsdam zu den bestehenden 5.200 Einwohnern – Magdeburg wird internationale **Gewerbestadt**

1702–1747 Fürst Leopold I. von Anhalt-Dessau (1676–1747), »der Alte Dessauer«, ist preußischer Festungsgouverneur – Magdeburg wird **Barockstadt**

1714–1945 Rückverlegung der Behörden des Herzogtums aus Halle – Magdeburg wird preußische **Verwaltungsstadt**

1807–14 Hauptstadt des Elbdepartements im napoleonischen Königreich Westfalen unter König Jérôme Bonaparte (1784–1860)

1815–1945 Magdeburg Hauptstadt der preußischen Provinz Sachsen unter König Friedrich Wilhelm III. (reg. 1797–1840)

1817–1851 August Wilhelm Francke (1785–1851) und 1851–81 Carl Gustav Hasselbach (1809–1882) Oberbürgermeister der Industrialisierung und Expansion

1818 Gründung der ersten Maschinenfabrik durch den Waliser Samuel Aston (1792–1848) für die Landwirtschaft und Zuckerrübenverarbeitung der Magdeburger Börde, den fruchtbarsten Boden Deutschlands

1824 Errichtung des ersten Volksgartens Deutschlands, des Klosterbergegartens, unter König Friedrich Wilhelm III. (reg. 1797–1840) und Oberbürgermeister Francke – Magdeburg wird nach und nach eine **grüne Stadt** an der Elbe

1839 Gründung der Dampfschifffahrtsgesellschaft, der Magdeburg-Leipziger Eisenbahn und der Maschinenfabrik Buckau – Magdeburg wird **Industrie- und Arbeiterstadt**

1848 Magdeburger Märzforderungen an die preußische Krone stehen am Beginn der 1848er Revolution – der liberale Magdeburger Abgeordnete und spätere Ehrenbürger Hans Viktor von Unruh (1806–1886) wird Präsident der preußischen Nationalversammlung in Berlin

1850 Zuzug und Bevölkerungswachstum über Großunternehmen mit dem Messgeräte- und Armaturenwerk von Bernhard Schäffer und Christian Budenberg (1850), der Maschinenfabrik und Eisengießerei von Hermann Gruson (1855), der Maschinenfabrik von Rudolf Wolf (1862) oder der Munitionsfabrik von Eugen Polte (1885) – Magdeburg wird mit 58.000 Einwohnern **Stadt des Schwermaschinenbaus**

1866 Ausbau der Elbeschifffahrt von Elbregulierung (1866) über Handelshafen (1893) bis zum Schiffshebewerk Rothensee (1938)

1867–1994 Stadtvergrößerung durch Eingemeindungen der Vorstädte Sudenburg (1867), Neustadt (1886), Buckau (1887), Cracau, Fermersleben, Lemsdorf, Prester, Salbke, Westerhüsen (1910), Diesdorf (1926), Groß Ottersleben (1952), Barleber See (1956), Olvenstedt (1979), Pechau und Randau-Calenberge (1994)

1897–1933 Blütezeit der Kunstgewerbe- und Handwerkerschule (1793–1963) zwischen Deutschem Werkbund und modernem Produktdesign unter der Leitung von Emil Thormählen (1859–1941), Rudolf Bosselt (1871–1938) und Wilhelm Deffke (1887–1950) – Magdeburg ist **Innovationsstadt**

1912 Aufhebung des einschnürenden Festungsstatus und städtebauliche Expansion für nunmehr 281.000 Einwohner – Magdeburg ist **Großstadt**

1918–1924 Gründung der zentralen deutschen Verbände gegen (»Stahlhelm«, 1918) und für (»Reichsbanner Schwarz-Rot-Gold«, 1924) die Demokratie der Weimarer Republik

1919–1931 Oberbürgermeister der Reform und des »Neuen Bauwillens« Hermann Beims (1863–1931)

1920–1927 Ete Rademacher ist Schwimmweltmeister, 1958/59 Täve Schur Straßenradweltmeister, 1974 FC Magdeburg Fußball Europapokal Sieger, 1997–2002 Manuela Lutze im Doppelvierer Ruderweltmeisterin oder 2002 SC Magdeburg Handball-Champions-League-Gewinner – Magdeburg wird **Sportstadt**

1921–1933 Innovative Städtebauvorhaben unter Bruno Taut (1880–1938) und Johannes Göderitz (1888–1978) (Regionalplanung, Generalbebauungsplan, Flächennutzungspläne, »Bunte Stadt«, »Grüne Stadt«, Arbeitersiedlungen) – Magdeburg ist **Reformstadt**

1922–1927 Ausbau der Rotehorninsel zum Ausstellungsgelände mit Mitteldeutscher Ausstellung (MIAMA 1922), Zucker-Ausstellung (1924) und Deutscher Theaterausstellung mit Stadthalle und Turm (1927) – Magdeburg wird wieder **Messestadt**

1940–1945 Zerstörung Magdeburgs durch Bombenangriffe im Zweiten Weltkrieg (1939–1945) – Magdeburg hat von 330.000 noch 90.000 Einwohner und ist wieder **Trümmerstadt**

1945 Beginn von Enttrümmerung und 1951 von sozialistischem Neuaufbau

1952–1990 Aufteilung von Sachsen und Anhalt in die Bezirke Magdeburg und Halle – Magdeburg wird **Bezirksstadt**

1953 Gründung der Hochschule für Schwermaschinenbau (1953), der Medizinischen Akademie (1954), der Technischen Hochschule für Schwermaschinenbau Otto von Guericke (1961), der Pädagogischen Hochschule (1972), der Fachhochschule (1992) und der Otto-von-Guericke-Universität (1993) – Magdeburg wird wieder **Wissenschaftsstadt**

1989–1990 Gebete im Dom und Demonstrationen auf dem Domplatz für gesellschaftliche Erneuerung

1990–2001 Oberbürgermeister des Gesellschafts- und Strukturwandels Dr. Willi Polte (geb. 1938)

1990 Neukonstituierung des Bundeslandes Sachsen-Anhalt – Magdeburg wird **Landeshauptstadt und Dienstleistungsstadt**

1991 Gründung des Instituts für Automation und Kommunikation (ifak), des Helmholtz-Zentrums für Umweltforschung (UFZ), 1992 des Leibniz-Instituts für Neurobiologie (LIN), des Fraunhofer-Instituts für Fabrikbetrieb und -automatisierung (IFF), 1996 des Max-Plack-Instituts für Dynamik komplexer technischer Systeme, 2001 der Experimentellen Fabrik (EXFA), 2006 des Fraunhofer-Zentrums für virtuelle Entwicklung (VDTC), 2007 der Denkfabrik oder 2013 des Forschungscampus Stimulate – Magdeburg ist **Forschungsstadt**

1993 Eröffnung der »Straße der Romanik« als erste Tourismusroute in den neuen Bundesländern durch Bundespräsident Dr. Richard von Weizsäcker (1920–2015) im Kloster Unser Lieben Frauen

1999 25. Bundesgartenschau »Harmonie und Kontraste« mit dem Jahrtausendturm auf einem ostelbischen Militärstandort (Elbauenpark)

1999–2003 Errichtung des größten europäischen Wasserstraßenkreuzes zwischen Elbe und Mittellandkanal

2001 Europarats- und Landesaustellung »Otto der Große, Magdeburg und Europa«, 2006 »Heiliges Römisches Reich Deutscher Nation 962–1806« und 2012 »Otto der Große und das Römische Reich« – Magdeburg ist wieder **Ottostadt**

2005 Die sich immer wieder erneuernde Elbestadt feiert 1.200-Jahr-Feier

2022 Partnerstädte des 238.000 Einwohner zählenden Magdeburgs sind Sarajevo/Bosnien-Herzegowina (1977), Braunschweig/Deutschland (1987), Nashville/Vereinigte Staaten von Amerika (2003), Harbin/China, Radom/Polen, Saporoshje/Ukraine (2008) und Le Havre/Frankreich (2011) – Magdeburg ist eine **internationale und weltoffene Stadt**

2025 Magdeburg möchte Magdeburg sein und wäre gerne europäische Kulturhauptstadt geworden

PROF. DR. CHRISTIAN ANTZ, geb. 1961, ist Kunsthistoriker und Kulturmanager. Nach dem Studium war er 1992–98 Referent und 1998–2021 Referatsleiter im Wirtschaftsministerium Sachsen-Anhalts in Magdeburg und arbeitet seit 2011 als Honorarprofessor an der Fachhochschule Westküste in Heide. 1992–2006 hat er für Sachsen-Anhalt die touristischen Landes- und Netzwerkprojekte »Straße der Romanik® – Reise ins Mittelalter«, »Blaues Band® – Wassertourismus in Sachsen-Anhalt« und »Gartenträume® – Historische Parks in Sachsen-Anhalt« aufgebaut. Außerdem hat er national seit 2000 gemeinsam mit den christlichen Kirchen in Deutschland die Konzeption des Zukunftsthemas Spiritueller Tourismus und seit 2009 die Erforschung des Wachstumsmarkts Slow Tourism entwickelt. 2017–21 beriet er die Landeshauptstadt Magdeburg bei ihrer Bewerbung zur Europäischen Kulturhauptstadt 2025.

HENNING KREITEL, geb. 1982, lebt und arbeitet in Berlin. Er studierte Fotografie in Stuttgart und besuchte das Studio für Literatur und Theater in Tübingen. Es folgten zahlreiche Veröffentlichungen und Ausstellungen. Kreitel ist Mitglied in der Deutschen Gesellschaft für Photographie und VS. www.henningkreitel.com

Ältestes erhaltenes, 1631 und 1945 nicht zerstörtes Wohnhaus der Stadt Magdeburg